たった1つの質問がなぜ人生を劇的に変えるのか

望んだ以上の自分になれる秘密

藤由 達藏
Tatsuzo Fujiyoshi

青春出版社

はじめに　人生を変える質問とは何か？

たった1つの「質問」が人生を変える

もし今日が人生最後の日だとしたら、今やろうとしていることは本当に自分のやりたいことだろうか？

これは、スティーヴ・ジョブズの残したとても有名な言葉です。

２００５年の６月に行われたスタンフォード大学の卒業式でのスピーチで、スティーヴ・ジョブズが紹介した質問として知られています。

彼はこの言葉に17歳のときに出会い、以来33年間にわたって毎朝鏡を見ながら自分に問いかけていたと語っています。

明日のことを思い悩み、あれやこれやにまどわされ、何を重んじ何を手放すべきかがわからなくなっているときに、この質問を自分自身に投げかけてみると、ぱっと意識が変わります。

「今、ここ」に生きる大切さとともに、悩みや課題の軽重を明確にしてくれます。


このジョブズが紹介した「質問」は、とても人生の核心を突いた「質問」です。この「質問」は世界中の多くの人々に感銘を与えました。

この「質問」を紹介したスタンフォード大学の卒業式でのスピーチは、動画でネット上に公開・拡散されて、合計したら数百万回以上再生されていると思われます。このスピーチ動画のファンも数知れず、何度も再生して見ているという方もいるくらいです。

質問は、単なる言葉であり、文に過ぎません。

しかし、このジョブズの「質問」のように、自分の人生、そして他人の人生にも大きな衝撃を与えることもできるのです。

なぜ、たった1つの質問で人生が変わるのか？

質問が人生を変える理由

「質問は人生を劇変させる」


なぜ、私がこのようなことを言えるのでしょうか？

それは、たった1つの質問から人生を変えていく瞬間を、私自身がたくさん見てきたからです。それがこの本を書いている理由でもあります。

私は夢実現応援家®、メンタル・コーチとして活動しています。多くの方の人生を変えるお手伝いを、効果的な「質問」によって行ってきました。

夢実現応援家®は、お客様に対して効果的な「質問」を投げかけます。

その「質問」はお客様の人生に大小さまざまな「気づき」を与えます。


そもそも、人の人生は、なぜ変わらないのか？

その理由は「気づき」がないことです。

多くの人が、「人生を変えたい」「自分を変えたい」と思い、情報を探し、答えを見つけようとします。そこで出会った答え、やり方、ノウハウなどは、人生を変えることはありません。

なぜなら、**「他人が与えた答え」は気づきを生まない**からです。

たとえば、どれだけすごい人が書いたビジネス書や、自己啓発本を読んでも人生が変わらないのはなぜか？

その理由は、気づきが起こらないため、情報が右から左へ流れていってしまうからです。

気づきが生まれた本ではどうか？

自分を奮い立たせたり、「そうか！」「これだ！」「目からウロコが落ちた！」となり、内側からエネルギーが生まれ、自然と行動や習慣を変えることができたりします。

外からの情報が人生を変えるのではなく、情報に触れ、内なる気づきが起こったときに、人生は大きく変化し始めるのです。


人は、自分で気づいたときに、意識を変えるのです。

人は、自分が気づいたときに、行動を変えるのです。


では、気づきを起こすための一番の方法は何か？

それが「質問」です。

自分に対してはもちろん、目の前の人に対しても気づきを起こせるのは、人から答えを押しつけられたり伝えられたりしたときではなく、質問を受け、自ら答えを見つけたときなのです。それしかありません。


たとえば、転職を考えている人がいるとします。

私は、その相談を受けたときに、

「今どういう状態なのか？」

「転職を考え始めたのはいつか？」

「そのときにどんなことがあったか？」

「転職したら何が得られると考えているのか？」

「転職後、どうありたいのか？」

「転職で何を実現したいのか？」


などの「質問」がぱっと思い浮かびます。

一度に聞いてしまうと尋問のようになってしまうので、実際には1つひとつ確認しながら問いかけていきます。丁寧な問いかけによって、思いの背景に何があるのかを本人が見つけていくのです。

本人が答えを見つける、これこそが気づきの正体です。

他人から与えられた答えは自分を動かせません。

どれだけすごい人が言った言葉でも、自分の中に「パッ」と気づきが生まれ、「そうか！」「これはすごい！」とならなければ、思考や行動は変わりません。当然、人生は変わらないのです。

それが、質問によって、自分で答えを見つけられると、思考が変わり、行動が変わり、人生が変わり始めるということなのです。

自分で見つけた答えは、それくらい強烈なエネルギーを生み出します。

先の例でいえば、たった1つの質問によって、転職の目的が明確になり、転職以外の方法も理想的な転職も、そのための行動までも見つけてしまうのです。

これらの質問を1つひとつしていくと、本人が思いもしなかった内面の本質に突き当たり、劇的な変化が起きるのです。

これらはみな、「本質の探究」を促す質問です。そして、質問は、他人に対してだけでなく、もちろん自分自身に対しても投げかけることができます。

自分自身に「本質の探究」を促す質問ができれば、人生が劇変します。

他人の人生も変化します。そして、世界も変化します。すべてを変えることができるのです。

この「質問」は誰でも簡単にできる技術です。

誰でもできるものだからこそ、そのすごい力に気づいていないだけです。

あなたがもし、正しい質問の技術を身につければ、人生はどんどんいい方向に変えていくことができるのです。

そのための方法を本書では紹介します。順を追って説明していきましょう。

目次

第2章
最高の自分をつくる「いい質問」の秘密

第3章
人生を劇的に変える質問

第2部　他人を動かす質問力

第4章

会話、雑談で人を惹きつける質問

本文デザイン　二神さやか
DTP　野中賢（システムタンク）
編集協力　鹿野哲平
帯写真　Jag_cz / shutterstock.com/

第1部

自分を動かす質問力

第1章

いい質問が、
いい行動を生み出す

「自分の頭で考える力」＝自分に質問する力

自分への質問が、主体性を生み出す

「質問」が人生を劇的に変える。

こう言われても、まだピンとこない方もいるでしょう。

質問というと、主体性がないような印象を受けるかもしれません。自分で答えを出すのではなく、誰かに答えを出してもらいたがっているような。実際そのような態度ならば、とても主体的とは言えないでしょう。

しかし、本書で提案する質問は、自ら積極的に答えを探し求めるために行うものです。

特に、**「自分への質問」は、自分で考える力を最大化する方法**です。

自分自身に「質問」すると、頭が自然と答えを探そうとし始めます。


私たちの頭はインターネットの検索エンジンみたいなものです。

この検索エンジンは、質問することで、自然と答えをサーチし、提供してくれます。

これこそが「自分の頭で考える」ということなのです。

だからこそ、質問の質が、人生をいい方向に向かわせるかどうかを決めるのです。

多くの人は、意識的に自分に質問をすることがほとんどありません。

外から入ってきた情報を無自覚に受け入れ、感情的な反応を繰り返しているだけとも言えます。

「何のために生きるか」「どうなりたいのか」「どう生きるか」など、生き方や使命を自問することなく、他人からの指示や命令に唯々諾々《いいだくだく》と従うだけの人生でいいのでしょうか。

ただ流されるだけでは、自分の行きたい未来に向かうことはできません。

主体的に生きるのであれば、自分へどんな質問をするかが鍵を握っているのです。

質問に備わっている「すごい特性」

しかし次のようなご意見があるかもしれません。

「質問って、問いかけるだけでしょう？　答えが出なかったらどうするの？　聞いてばかりじゃ始まりませんよ」

それはごもっともです。確かに質問しただけでは現実は変わりません。

しかし、自分に対して本質的な質問をぶつければ、必ず心に響き、行動が変わります。

なぜそう言い切れるのか？　それは質問には〝ある特性〟があるからです。

質問の特性は「問われると、答えたくなる」というものです。

私たち人間は、質問されると答えようとしてしまう習性があります。

テレビのクイズ番組は、この習性をたくみに利用しています。

質問が読み上げられると、ついテレビの前の視聴者は答えを探してしまいます。そして、答えを知りたいので、正解が出るまでチャンネルを変えません。次から次へと質問が出されてしまうと、ずっと見続けてしまうのです。

たとえば、「世界一高い人工建築物は何？」と質問されたら、「どこのタワーだろうか？　ビルかな？　ドバイのビル？」などと考えてしまいます。

しかし、質問される前の自分を思い返してみてください。

「世界一高い人工建築物」など、なんの興味もなかったはず。質問されたから、関心が生まれたわけです。

質問が人を動かすといえるのは、私たちが何かを問われると答えようとする習性があるからです。

答えようとする時点で、すでに私たちは動かされています。

自分に質問すれば自分を動かし、他人に質問すれば他人を動かすものなのです。

本書で紹介する質問の技術を学んでいただけると、あなたは質問上手になることができます。質問がうまくできれば、自分の人生を、そしてこの世界をよりよく変えていくことができるのです。

うまくいかない人は、うまくいかない質問をしている

質問の質が「人生の質」を決めている

質問の質で、人生の選択、行動の質が決まります。

質問から生まれた答えは、私たちの行動の質に大きく影響するからです。

先にも述べた通り、人の脳はインターネット検索をするようなものです。

的確な検索語を入れれば、望みのものがヒットするでしょう。逆に、何を探したいのか明確にせず、曖昧《あいまい》に検索すると、まったく関係のないものがヒットしてしまいます。

極端に言うならば、**「頑張っているのに、人生がうまくいかない」という人は、「うまくいかない質問をしている」**のです。

自分に対して、いい質問ができる人は、人生が常にいい方向に流れています。

「何を問うか」が的確で、出てくる答えも的確だからです。

質問はよくも悪くも人の思考や行動を大きく変えてしまいます。にもかかわらず、無意識かつ無自覚に質問していると、自分の可能性を狭める答えや、どうでもいい答えを見つけてしまいます。そして、その答えによって、行動が決まっているのです。

質問は人生の流れを決める大きな要素なのです。

だから、意識的にいい質問をする必要があるのです。

うまくいかないなあと思ったらやるべきこと

質問をする際には、どんなことを聞きたいのかを明確にする必要があります。

そのためには、

「自分は何を知りたいのだろうか？」

と自分に質問をしてみましょう。知りたいことや聞きたいことをまずは、いくつも書き出すといいでしょう。

仕事でもプライベートでも、どうにも歯車が噛《か》み合わないとか、うまくいかないなあと思ったら、ご自身でつぶやいている言葉を思い出してください。

私たちは、無自覚に質問をしています。

「どうして、うまくいかないんだろう？」
「どうして、いつもダメになるのかなぁ？」
「どうして、ついていないんだろう？」

こんなつぶやきをしていないでしょうか？

何かを探り出そうとしている質問ではありません。しかし、頭の中では、その答えを検索し、たくさん出してくれます。

それぞれ「うまくいかない理由」「ダメになる理由」「ついていない理由」を探り出してしまうのです。

こんな質問をいつもつぶやいていたら、常に、「うまくいかない理由」「ダメになる理由」「ついていない理由」が見つかります。そんな理由ばかりが心の中を占めていたら、次第に気分はどんよりしてきます。それだけでなく、どんどん行動できない自分になってしまうはずです。

そして、いつの間にか、

「ああ、だからうまくいかないんだなあ……。私はダメ人間だ……」

などと落ち込むようになってしまいます。

これは、完全に悪循環。しかも、強烈な自己洗脳です。

自分にダメだという暗示をかけているのと同じになってしまいます。

そんなことを続けていけば、あらゆることに自信がなくなり、考え方も行動も萎縮してしまうでしょう。

無自覚の質問から変えなければいけません。

そこで、意識的に質問を変えていきましょう。

気分を上げてから、こうつぶやいてみてください。


「どうしたら、うまくいくかなぁ?」

「どうしたら、いつも最高にできるかなぁ?」

「どうしたら、ついている状態になれるかな?」


言葉の上では「どうして(理由)」を「どうしたら(方法)」に変えて、「できること(可能性)」に焦点を合わせた質問をつぶやくようにしましょう。

そうすれば、できることがたくさん見つかります。

これを毎日続けていると、無自覚の質問も変わっていきます。

いつもネガティブな質問を無自覚にしていた人も、気づくとポジティブな言葉を自分にインプットするようになるのです。

そうすれば、新しい発見をたくさんしていくことになり、人生は好転し始めます。

あなたの人生が変わらないのは、「質問」をしていないから

偶然と必然とを編み上げる

巷《ちまた》にはまことしやかな法則が溢《あふ》れています。

それは、「こうすればこうなる」とか、「これをしたらうまくいく」とか、「あれをしたら失敗する」といったもの。

これはつまり、「成功の原因をつくれば、成功という結果が生まれるのは必然」というわけです。

一方、「人生は運で決まる」と言われることもあります。

生まれる場所、才能、家庭環境、たまたま誰と出会ったか、どんな会社に入るか

……など、考えてみれば、自分の力だけではどうにもならないこともあります。

特に、他人はコントロールできません。

相手のあることは自分の一存で決められないのです。

そうやって考えてみると、頭で「案」じて「因」をつくってみたところで、実際には「運」とか「縁」でことが運び、そこでもしも何かいいことがあれば、「恩」を感じるというだけのことなのです。

それくらい、私たちは偶然に左右されて生きています。必然など風前の灯火《ともしび》であり、結局は偶然が大勢を占めるというのが、この人生の核心であるような気がします。


しかし、そんな人生の流れに逆らい、いやむしろ流れと戯《たわむ》れ、乗りこなし、主体的に生きようとすれば世界は一変します。そのための方法が「質問」なのです。

本書の冒頭に掲げたジョブズの質問を思い出してください。人生の本質を突くような質問をし続ければ、私たちの人生は必ず変わっていきます。

必然と偶然を組み合わせてすべて味方につけることで、あなたの人生はいきいきと動き出します。

「そうはいっても具体的にはどうすればいいの？」

その答えは、「自分を動かす質問」と「人を動かす質問」の両方を使いこなすこと。自分に対しては常に質問をし、周りの人に対してはいい質問を使い、相手が動きたくなるようにするのです。

質問は、思考を使いこなすための強烈なツールになります。それは自分の思考だけでなく、他人の思考にも影響を与えられます。

人生は自分の力だけでは動いていきません。他人の力も借りなければ何事も成しとげられません。質問を活用できれば、自力も他力も味方につけて人生を好ましい方向へ動かすことができるのです。

「質問」が自分自身の行動を促す

いい質問が、いい行動を生み出す

私が夢実現応援家®・メンタルコーチとして活動していることはすでに述べましたが、実はもう1つの顔があります。それは「行動の専門家」というものです。

その意味で、拙著『結局、「すぐやる人」がすべてを手に入れる』（青春出版社）は人の行動力を高めるための法則を本にしたものでした。

そこでは気分のコントロールをベースにして、「自分の行動を変える方法」を紹介しました。実はその本に書いていないさらに行動できる自分をつくる方法があります。

気分以上に、本質的で、自分を根本から変え、行動させるエネルギーを生む技術。

それが本書のテーマでもある「質問」なのです。

「質問」は人を動かします。

たとえば、唐突に「ありますか？」と聞かれたとします。そう聞かれた人はどうするでしょうか？

「何がですか？」

と聞き返すかもしれません。

もしも、それ以前の会話で何を聞いているかがわかっていれば、「ありますよ」とか「ありませんよ」と答えるでしょう。

仮に、言葉で答えなかったとしても、頭の中では、「何を聞かれているのだろうか？」とか「相手の求めているものはあるのかないのか、どうだったろうか？」と考えてしまいます。

つまり、質問されると、ついつい反応してしまうのです。

頭を働かせたり、答えたり、思わず小さな行動をしてしまうものなのです。

質問は、行動を誘発します。言い換えれば、いい質問をすることができれば、いい行動を促すことになります。

どうでもいい質問をすれば、どうでもいい行動を促します。

回答も1つの行動であり、その回答をきっかけにして、関連する行動が連鎖し始めるのです。

自分を変えたければ「質問」せよ！

先にも触れましたが、質問を習慣的にできている人は、人生を主体的に生きることができます。

それでは、「主体的に生きる」とは、どういうことでしょうか？

それは人生の主人公として、自分の人生を生きるということです。自分の行動が自分の人生を形作っているのだという前提で生きていくことです。

多くの人は、自分の人生を生きているようで、本来の自分の人生を生きていないと感じています。

「転職したほうがいいと言われた」

「会社をやめたほうがいいと言われた」

「いい会社に入れと言われたから、大企業を目指した」

自らの決断、意思決定が、自分の頭で考えたもののようで、実は人から影響を受けています。これがクセになっている人は、自分の頭に質問を投げかけることもせず、人に言われたこと、親に言われたことをそのまま受け入れるようになります。周りの人だけでなく、メディアや社会風潮に影響を受けている場合もあります。

どちらにせよ、自分で考えていないのです。

自分で考えるということは、質問をすることそのもの。自分に質問を投げかけることで、初めて人の脳は反応し、考え始めるのです。

脳は答えを知っています。

その答えを導き出すことさえできれば、あなたの人生は主体的なものとなり、自らの内なる動機で行動し続けることができるようになっていきます。

「自分への質問」が、現状を抜け出すきっかけを生み出す

ちょっとした質問で、感覚をとらえやすくなる

あらゆる変化は、私たちの行動から始まります。

では、その行動は、どうやって始まるでしょうか？

まず思いがあり、体が動いて行動します。その思いの元は、えもいわれぬ感覚に過ぎません。いわば「もやもやした感覚」です。胸が熱くなるとか、ムカムカする、イライラする、ドキドキするとか、こみ上げてくるものがあるとかいった感覚です。

この感覚は、体で感じている段階では、まだとらえどころのないものです。この感覚に形を与えると、とたんにとらえやすくなります。

たとえば、ギリギリで乗り込んだ電車がなかなか出発せず停止したままだったとします。そのうちもやもやした感覚に包まれていきます。

これに言葉を与えると、「このままいくと遅刻しそうだ。困った、困った」になるでしょう。

言葉にすると感覚が強化されます。状況か自分が変化しない限り、「このままいくと遅刻しそうだ。困った、困った」という感覚が持続し、ずっとイライラしてしまうことでしょう。

感覚は言葉にすると、取り扱いやすくなります。

しかし同時にその感覚が強化され固定化されてしまったら、その感覚から抜け出しにくくなります。楽しい感覚や嬉しい感覚ならばいいのですが、そうでない場合はやっかいです。

このようなときに、「自分への質問」をして本質に迫っていくといいのです。

どうするかというと、「このままいくと遅刻しそうだ」という判断を質問文に変えて、自分に質問してみるのです。

「このままいくと遅刻しそうか？」

語尾を「だ」から「か？」に変えただけです。でも、たったこれだけで、遅刻しそうか遅刻しそうでないか、という二者択一が意識され、現実の捉え方が変わっています。

さらに、そこから一歩進めて、「遅刻したくない」と思っているのであれば、次のように変えてみましょう。

「このままいっても遅刻せずに到着できないだろうか？」

これで、好ましい未来に意識が向き始めました。

さらに前向きに自分の行動を織り交ぜていきます。

「遅刻しないで到着するために、できることは何だろうか？」

この質問文では、「できることがある」という前提で、それを探そうというモードに意識が切り替わっています。

「このままいくと遅刻しそうだ」は、判断です。この判断を質問に変えることで、もとのもやもやした感覚から抜け出すことができます。

このように、現状の判断を質問文に変えて質問すれば、現状を抜け出すための行動に踏み出すきっかけを見つけることができるのです。

思考停止から脱出する質問

フリーズしたらすべき質問の秘密

「行動がすべてを変える」からこそ、「どう変えるのか」「どう変えたいのか」などと自分に質問をすることが大事になります。

目の前の仕事を片づけるのに精一杯で、日常生活に埋没してしまうと、私たちは物事の本質を考えなくなります。

すべてが等しく「最優先事項だ」として押し寄せてくるように感じられたら、フリーズしてしまったり、逃げ出したくなったりします。

この状況を突破するのも「質問」です。

物事を整理するためにも「質問」はすごく効きます。

オススメの自分への質問は、

「今、自分が一番にやるべきと思っていることは何だろう？」

です。この質問を使うことで、自分にとって何が本当に大事なのかに気づくことができます。

自分で答えを見つければ、行動は勝手に変わる

現実を変えたいと思うならば、あなたの本質を知るために、自分に質問しましょう。

毎日忙しい状態で日々過ごしている人は、思考が正常に働いていません。注意が奪われ、気持ちが分散している状態を、すっきりと整理するために自問するのです。

たとえば、長時間労働が続いて疲労がたまってきたときに、「もっと早く帰ろう」と考えて、急いで仕事をするようになったとします。

最初のうちは、スピードも上がっていいでしょう。しかしミスが増えて、修正に時間をとられてしまうとしたらどうでしょうか。仮にミスが増えなかったとしても、今までよりも多くの仕事を抱え込んでしまって退社時間は今までと何も変わらないかもしれません。

こんなときには、問題を俯瞰《ふかん》して見直す必要があります。

「スピードを上げるだけでなく、どれくらいの精度が求められているのか？」

「自分の限界はどれくらいか？」

「本当はどんな仕事の仕方をしたいのか？」

などを自分に質問してみるのです。

表面的な解決ではなく、本質的な解決を目指すべく「自分に質問すること」が大事なのです。

誰もがあなたのために本質的な質問をしてくれるわけではありません。**自分にとって本質的な「質問」は、自分にしかできない**のです。

「やりたいのに、行動できない」を乗り越える方法

「失敗の恐怖」を書き換える4ステップ

行動が大事というのはわかっていても、実際に行動を起こせないということがあります。

そうなってしまうのは、「失敗する恐怖」があるからです。

あなたも、何かをやろうとして失敗を恐れるあまり、行動を先延ばししてしまっていることはないでしょうか。

誰だって失敗はしたくありません。しかし行動する以上、失敗する可能性はゼロではないでしょう。

この失敗に対する恐怖を取り除くには、「質問」が効果的です。

まずは、一度、深呼吸をして心を落ち着けてみてください。その上で、本質を探るために自分に「質問」してみましょう。

ステップ1：何が怖いのか？

「失敗の何が怖いのか？」


恐怖は人の行動を抑制します。でも、「怖い」の正体はさまざまです。失敗の損失が怖い、笑われるのが怖い、チャレンジしたいことがちょっと恥ずかしいなど、さまざまあるのに皆ひと言で怖いと言ったりします。

そして、自分自身が本当は「何が怖い」のかわからなかったりします。

この正体がわかると、「あれ、自分は怖いんじゃなくて、○○されたくなかったのか」と恐怖が消えていくのです。


自分は何が怖いのか。どうなったら嫌だと感じているのかを質問してみてください。

そして、その答えをノートや紙に書き出してみてください。ノートや紙に書き出すことで、何を恐がっているのかが具体的になり、その正体が見えてきます。

ステップ2：何が起こるのか？

「失敗したら何が起こるのか？」

失敗したあと、どうなることを予想しているのでしょうか。

「そんなことをしたら、今の関係が壊れてしまう」と恐れを抱いているならば、関係が壊れたあとどうなることを想像しているのでしょうか。「関係が壊れる」というのは具体的にどうなることなのでしょうか。

掘り下げていくと、見えてくるものがあります。

ステップ3：何が困るのか？

3つ目の質問は、

「失敗したら、何が困るのか？」

です。

失敗は本当に困ることなのでしょうか。

たとえば「資格試験を受けても落ちたらどうしよう……」と試験を受けることを恐れているとします。落ちたら何か困ることがあるのでしょうか。落ちたらまた勉強して受かるまで頑張ればいいかもしれません。

「試験に落ちたら、自分の能力のなさが明白になってしまう」という恐れの場合もあるでしょう。

仮に、明白になったとしてどう困るのでしょう。

その恐れの正体は、「恥ずかしい」という感情かもしれません。

「恥ずかしい」という感情は行動を抑制しますが、その感情は、実は乗り越えやすいものなのです。

なぜなら、恥ずかしいのは一度だけ、それを超えると気にならなくなるから。正体が実は恐怖ではなく、恥ずかしいという感情だとわかれば、行動できるようになるのです。

ステップ4：失敗を防ぐ方法はないか？

もう1つ有効な質問を紹介します。

「失敗を防ぐ方法はないのか？」


失敗すると思っているということは、失敗に対する対策がとれるということ。

もしも失敗を食い止める方法がわかるならば、その対処をして臨めば、失敗しないですむかもしれません。

失敗しないですめば安心していられます。

このように質問をすれば、失敗を事前に回避するための方法は脳が探してくれます。

もちろん、自分で考えるわけですが、「事前に誰かに相談しておこう」「失敗しないための準備は何があるだろうか」など、リスク回避の方法や、さらに思考を深める質問が思いつくことだってあるのです。

失敗をゼロにするマインドをつくる質問

「いまだかつて、失敗などしたことがない人はいるだろうか？」

失敗に対する恐怖ということを見てきましたが、失敗したとしても、そこから学ぶことができれば、失敗は失敗ではなくなります。

エジソンの電球の芯を発見するエピソードを待つまでもなく、失敗と思われる経験をすることで、それ以外の方法や場所に成功のもとが隠れていることを知るのです。

つまり、**失敗の数だけ成功により一層近づける**のです。

その意味では、人類の歴史は、何万年にわたる失敗の歴史であり、同時に何万年にわたる成功の歴史なのです。

覆水盆《ふくすいぼん》に返らず。起きてしまったことはなかったことにできません。

どんなに悔やんでも、どんなに嘆いても、どんなに落ち込んでも、起きてしまったことは起きてしまったことなのです。

ただ、その経験を未来に活かすことが、せめてものできることであり、得られた学びと気づきはとても貴重なものなのです。

七転び八起きとはこのことです。失敗と成功は陰と陽のようにずっと互いにつきまとうものなのです。

第2章

最高の自分をつくる「いい質問」の秘密

いい質問とは何か？

「何か人の役に立つことはないか？」

これはチキンラーメンやカップヌードルの発明者であり日清食品の創業者である安藤百福《ももふく》の言葉だと言われています。

安藤百福は、若い頃から事業のアイデアを見つけるのが得意だったそうです。戦時中、軍需工場で素人工員に機械の操作を教えるために幻灯機が必要だとみれば幻灯機の製造に着手し、家庭用燃料に炭が必要だとみれば疎開先の裏山を買い炭をつくり、戦災で住宅が不足すればバラック住宅の組み立て建材を製造したそうです。

安藤百福がなぜ、そんなに事業のアイデアを見つけるのが得意だったのかというと、常に「何か人の役に立つことはないか？」と自問自答していたからなのです。

この問いのお陰で、あらゆるものから次から次へと事業のヒントを見つけ出していけたのだそうです。（出典：『転んでもただでは起きるな！　定本・安藤百福』安藤百福発明記念館編　中公文庫）

世の中で大きな仕事を成しとげた人は、必ずといっていいほど、いい質問を自分に投げかけています。この安藤百福のエピソードもその1つです。

では、「いい質問」とはどんな質問でしょうか。

それは、上位の目的にかなっているものであり、私の言葉で言えば「魂が悦ぶ®」質問です。そういういい質問には、

・前向きである
・解決につながる
・みんなの悦びにつながる

といった特徴があります。これらを1つずつ見ていきましょう。

いい質問その①「前向きな質問」

いい質問の特徴の1つ目は「前向き」であること。物事に対して自ら進んで取り組もうとする態度で質問をするのです。

前向きな質問を理解するには、その反対の後ろ向きな質問と比較すればわかります。ネガティブなことに意識が向くと、気分もネガティブで、後ろ向きになります。そのまま質問を考え始めると、次のような質問になってしまうでしょう。

「どうして、うまくいかないのだろう?」
「どうして、やらなくてはならないのだろう?」
「どうして、こうなってしまったんだろう?」

これらが後ろ向きな質問です。

できていない点や、うまくいっていない点に注目し、その原因を考えたり、そこから逃げ出したりすることに意識が向けられています。

この後ろ向きな質問をすると、次のような問題が生まれます。

・気分も後ろ向きになる
・できない理由、やらない理由が大量に出てくる

後ろ向きな気分のまま、後ろ向きな質問を続けていると、思考や行動、人生までも後ろ向きになってしまいます。行動やエネルギーを生み出すどころか、自分を卑下《ひげ》したり、何をしてもうまくいかない妄想のサイクルが生まれたりするでしょう。

また、失敗した理由、うまくいかなかった理由を考えすぎる人は、行動しない自分を正当化し始めます。やらない理由をクリエイティブに思いつき、どんどんダメな自分をつくっていってしまうのです。

起きてしまったことを起きるべきではなかったと考えて、誰かを恨んだり、いつまでも嘆いたりする態度は、現状のあるがままを受け止めていません。

こういう態度を「後ろ向き」と呼ぶのです。

「でも、気持ちがそうなんだから前向きになんてなれませんよ」

そう言いたくなるかもしれません。

しかし、前向きというのは、なにも「テンションを高くしろ」とか「パワー全開でいけ！」ということではありません。

「前向きな態度」とは、現状そのままを認めること。その現状を踏まえ、「じゃあ、どうすればいいか」と建設的に物事を考えるということです。

前向きな質問を出していけば、人生は自然と前向きになっていきます。あなたの行きたい方に向かって前進していくのが前向きな生き方であり、それをつくり出すのがいい質問ということです。

いい質問その②「解決につながる質問」

いい質問の特徴の2つ目は「解決につながる」というものです。

問題があれば、「解決したい」と感じ、目標があれば「達成したい」と感じ、夢があれば「実現したい」と感じている状態です。

この状態であれば、自ずといい質問が生まれます。

解決するために行うので「解決指向の質問」と言ってもいいでしょう。

解決したいという思いがあると、問題を見つけたら「この問題の原因は何だろう？」という疑問も湧いてきます。

その疑問を質問すれば「原因の探求」になります。

ただし、「原因の探求をするだけ」では、解決にはたどり着きません。結果が悪いものに対する原因の探求は苦しいだけです。自信を失ったり、行動できない理由を生み出したりする可能性もあります。

だから**本当に解決したいのであれば、「原因探求の質問」をしたあとに、必ず「解決策探求の質問」もセットにしておきましょう。**

もしも原因の探求だけに目が行ってしまうようであれば、「解決したい」という目的を思い出す必要があります。「何のためにその問題について考えているのか？」という質問をはさむといいでしょう。

たとえば、自社商品の不良品の発生率が高まったときに、「その原因は何だろう？」と考えるのは原因の探求です。

そこで、

「何のためにこの問題について考えているのだろうか？」

という質問をはさみます。

そうすると「不良品の発生率を下げたい」という目的が見つかるでしょう。

さらに上位の目的にも気づくこともあるでしょう。

「不良品発生率低減によるコスト削減」や「利益率の向上」や「顧客満足度の向上」、さらには「自社ブランド価値の向上」「自社の業績改善」などです。

原因探求の目的と、さらにその上位目的が確認できたら、

「その目的を達成するために何をどうしたらいいだろう？」


という解決につながる質問をしましょう。

このように「解決につながる質問」は、「原因探求の質問」と「解決策探求の質問」の2つで1つにすることがポイントです。

両方がセットになって解決志向の質問をしていくのだということを忘れなければ、文字通り「解決につながる質問」ができます。

いい質問その③「みんなの悦びにつながる質問」

前向きであることと、解決につながるものであるというのが、いい質問の2つの特徴でした。これに加えて、「みんなが悦ぶ」という気持ちで繰り出される質問がいい質問になります。

たとえば、「どうしたら自分が得するか？」という質問を、

「どうしたらもっと多くの人の役に立てるだろうか？」
「どうしたらみんなが得するだろうか？」

と拡大するのです。すると、利益を受ける対象者（受益者）が広がります。受益者

が、自分ひとりから多くの人にまで広がったのです。

「さらに多くの人の利益を」と漠然と思うのではなく、自分・相手・関係者・無関係者それぞれの利益を考慮していくと、受益者の範囲が世界にまで広がります。

受益者の範囲を広げることで質問の質や方向性が変わっていきます。

「質問」は世界を動かす梃子《てこ》なのです。

もっとよくしたい。もっと幸せになりたい。そう思うならば、その幸せを享受できる人の範囲を拡大して、みんなでもっともっと幸せになる道を探せばいいのです。

「自分のことになれば誰でも真剣になる」という言葉がありますが、自分だけのために払える努力はたかが知れています。

小さく満足してしまえば、それ以上は望みません。しかし、受益者の対象を世界大に広げたときに、大きな志が生まれます。

「自分だけのため」から「みんなのため」にシフトするのです。

このようなシフトを起こさせるのも「みんなの悦びにつながる質問」をすることによって可能になるのです。

一番簡単な3ステップ質問術

シンプルだけどすごい3つの質問

コーチングをしていくと、お客様は自分に素直になり、自然と行動が変わっていきます。自分自身の「やる気の素」が明確になり、視野が開けるからどんどんチャンスを掴んでいきます。

では、どうしてコーチをつけると大活躍してしまうのでしょうか。それは、コーチとはお客様の夢の実現を心から応援する存在だからです。もしも自分の行動を変えたいと思うなら、自分自身のコーチになれたらいいですね。

あなたが自分自身のコーチならば、自分を頭ごなしに否定したり、愛想を尽かしたりはしないでしょう。自分自身の行動に寄り添って、温かく見守り、小さな変化を悦び、大きな変化を起こすことを促すでしょう。

行動を変えたいならば、行動を変えたくなるように自分自身と対話するのです。そのための自問自答なのです。

これから紹介する3つのステップは、コーチングのエッセンスを自問自答に応用したものです。この3つのステップを頭に入れておけば、どんなに落ち込んでも、自ら解決への「答え」を見つけて、行動し、流れを変えていくことができるようになります。

基本となる3ステップの質問は、

・ステップ1：現状確認「現状を確認してみようかな？」
・ステップ2：解決像探求「本当はどうありたいのだろうか？」
・ステップ3：行動選択「では何をしようか？」

の3つです。1つずつ見ていきましょう。

ステップ1：現状確認「現状を確認してみようかな？」

まず3ステップ質問術のはじめは、「現状確認」です。

シンプルなセリフにすると、**「現状を確認してみようかな？」**です。

現在はどういう状況なのかに目を向ける質問だと言えます。

困ったときやパニックになったときは、何も考えられなくなったり、何もできなくなったりします。あるいは、慌ててしまって現状を認識せずに行動してしまうこともあるでしょう。

自分を取り巻く環境をよく見ることができると、それだけでも気持ちを落ち着かせることができます。恐怖を感じたりして、動けなくなるのは、現状を把握できていないからなのです。

現在の状況というのは、自分の内面と環境を含んでいます。

・自分の気持ち
・身の回りの環境
・人間関係
・仕事の状況
・満足できている点
・不満足な点

などさまざまあるでしょう。

「現状を確認してみようかな？」というセリフは、「今、どうなっているんだろう？」「進捗具合はどうなっているかな？」「変わったことがあるかな？」「うまくいっている点はどこだろう？」「不具合はどこで起きているかな？」など、その時々で変わってきます。

現状を確認しようという気持ちが起きて、実際にチェックできればいいのです。

この質問は「今、ここ」に注意を向けるための質問です。

質問を投げかけてみると、ハッと我に返ることができます。不安があったり、混乱したりしていたとしても、冷静になれます。

ですから、まず現状を確認する質問をしてみましょう。紙や付箋《ふせん》に書き出すのもいいでしょう。誰の目も気にする必要はありません。素直に書き出せばいいのです。

現状と一口に言っても、各方面を網羅的に把握するのであれば、人生の側面を10分野に分けて確認するといいでしょう。

おおまかに次の「10分野」を確認してみましょう。

①自己啓発・学び
②趣味・娯楽
③健康
④休養
⑤人間関係（親密）
⑥人間関係（一般）

⑦お金
⑧仕事・貢献
⑨生活環境
⑩組織環境

ステップ2：解決像探求「本当はどうありたいのだろうか？」

今の自分の現状を内面と環境から確認したあとに質問すべきは、この現状が本当はどうだったらいいかについてです。これは「本当はどうありたいのだろうか？」というセリフで表せます。

現状が自分にとって嫌な状況だったり、問題が山積みだったりすると、

「どうしたらいいんだろう？」

「何から手をつけたらいいのかわからない」

「どうしよう、困ったなあ……」

などと悩み始めてしまうかもしれません。

「どうしたらいいんだろう？」というのも立派な質問なので、私たちはついついそういった質問で自分を追い立ててしまいます。

先にも述べた通り、私たちは、質問を考えると、ついつい答えを考えてしまうという習性があります。だから「どうしたらいいんだろう？」と自分に質問したら「どうしたらいいか」を考えてしまいます。

ここが落とし穴なのです。

現状を確認してすぐに解決手段を考えてしまうのは、あまりいいことではありません。解決方法について答えを出す前に、自分に質問すべきことがあるのです。

それが、

「本当はどうありたいのだろうか？」

という解決像を見つける質問です。

現状が満足いかないものであるならば、満足がいく状態はどうなのか。

もしも受験の準備をしている途中ならば、受験後にはどうなっていたいのか。独身で結婚相手を探しているのであれば、どんな人と結婚してどんな生活を送りたいのか。現状をどう変化させたいのか、変化したあとの姿をひっくるめて「解決像」と呼んでいます。

このステップ2では、**「自分は何をもって解決したと感じられるのだろうか。何があれば満たされていると思えるのだろうか」ということを探求する質問**をするのです。

「本当はどうありたいか」というのは、自分にとっての「理想的な状況」や自分の「心躍る未来像」や「最高に嬉しい状況」のことです。

このステップ2の質問を自分に投げかけても、すんなりと答えは出てこないかもしれません。

でも安心してください。誰だってそうです。

自分の理想の解決像がどんなものかはすぐにわかるものではありません。

悩みや問題を抱えているときは、その状況にのみ込まれてしまっているので、現状がどうなったらいいのかについて具体的な内容を考えることができないのです。

だからこそ、「本当はどうありたいのだろう？」という質問で、自分の内面に意識を向けて、一切気取らない本音を探ることができるのです。

ステップ3：行動選択「では何をしようか？」

ステップ3は、**これまでの自問自答を「行動」につなげるための質問**です。

ステップ2までに「本当はどうありたいか」という理想の未来が明確になっていれば、それはちょうど旅行で目的地が明確になった状態です。そこではじめて「そのために何をするといいのか」が考えられるようになります。

このようなステップを踏まずにいきなり、「何をすべきか」を考えてしまうと、答えが出なかったり、間違った行動を選択してしまったりするのです。

このステップ3では、「現在の状態」を「理想の状態」へと変化させるための具体的な「行動」を検討する段階だといえます。

「行動」は、課題を解決するための「行動」です。

「では何をしようか？」という質問は、

「そのためにできることって何だろう？」

「何をどうしたら、『理想の状態』になれるだろうか？」

「最初に手をつけるべきことは何だろう？」

「『理想の状態』にたどり着くには、どういった行動のパターンがあるだろうか？」

「では、どんな手順で進めていこうか？」


などと言い換えることもできます。

これらを投げかけると、最適な方法が直感的に思い浮かんだり、さまざまな行動の選択肢が溢れ出したりするでしょう。

たくさん出てくる場合は、それを紙や付箋《ふせん》に書き出していき、その中で自分が「これだ！」と思えるものを選んでいきましょう。

3ステップの流れを促す

この3ステップは、人生を劇的に変える質問の基本です。

自分自身の気づきを促し、納得のいく解決を導き出すもので、いうならば典型的なセルフ・コーチングです。

あらゆる課題について、誰かのつくった解決策を無理に受け入れるのではなく、「こうしたい」という、自分自身の本質から出てくる答えを導くステップになっています。

たとえば、人間関係のトラブルについてもこの3ステップで質問していけば、自分自身の解決策を導き出せます。

・ステップ1「今の人間関係はどうなっているのだろうか?」
・ステップ2「では、本当はどんな人間関係を築きたいのだろうか?」
・ステップ3「そのために今日からできることは何だろうか?」

自問自答するうちに、堂々巡りをしているということはよくありますが、心配はいりません。

この3つのステップを思い出して、今考えている内容がどのステップかによって、現在地がわかります。

考えた内容を付箋やメモに書き出して、それぞれのステップについて十分に書き出せたなと思ったら、次のステップに進めばいいのです。

すると自然な流れが生まれていきます。

思考が回転し始めると、はじき出された「答え」や、さらなる「質問」が次々と出てきます。

連想が働くと関係なさそうなことまで出てきます。そんなときもこの3つのステップに立ち返れば、整理することができます。

「これって現在の状態のことだろうか？」

「まあ、そうだな」

「では、現在の状態についてよくわかったわけだ。ではその状態が、本当はどんな状態になったらいいのだろうか？　『実はこうなったらいいな』という思いがあれば、そこのところを言葉にしてみよう」

など。現状について思うところがたくさんあると、ずっと現状についての思いが湧き出すでしょう。

そのときは、その話がどのステップなのかを確認し、次のステップに進めていけば停滞せずにすみます。

ステップを知らずにひとりで考えていると、思考の堂々巡りに陥ってしまいますが、いい質問で流れをつくると、思考は解決行動を求めて動き始めるのです。

思考を深めるための3つの質問

自分への質問の流れは3ステップだということをお伝えしました。

それぞれのステップで、思考を深めるためにはどんな言葉を自分自身に投げかければいいのか見ていきましょう。

思考を深めるためには、たった3種類の質問だけ使えば結構です。それは、

・深める質問：「具体的には？」
・広げる質問：「ほかには？」
・まとめる質問：「要するに？」

3種類の質問

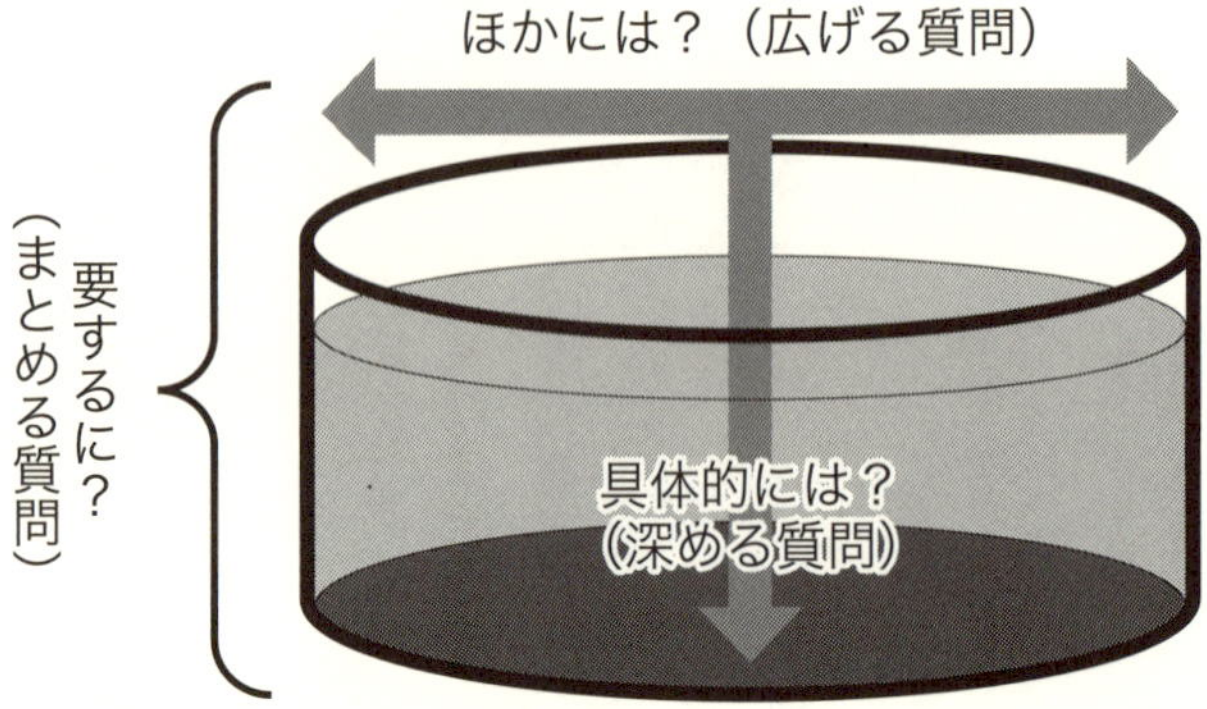

これら3種類の質問を、3ステップそれぞれの流れの中で、順番に使っていけばいいのです。

上の図をご覧ください。大きな水槽があります。これは自分自身の心の中を表しています。心の中には、さまざまな記憶や悩みや課題が詰まっています。その内容物をつまびらかにしていくために、3種類の質問を繰り出していくのです。

1つひとつ見ていきましょう。

深める質問：「具体的には？」

人の行動や言葉にこめられた思いやその

背景を表面的に理解するのではなく、その深層に意識を向けて理解を深める質問のしかたがあります。

それが「深める質問」です。

たとえば、食事を終えたあとに、「苦しい」とつぶやいたとします。

「ああ、確かにいっぱい食べたよね」と誰かからの合いの手で、会話が成立する場合もあります。

しかし、「苦しい」というひと言が提示する情報量はとても少ないので、本当に「食べすぎて苦しいのか」はわかりません。自分自身の言葉であっても、意識できる情報はそもそも「少ないのだ」と思って、その情報を深掘りしてみる必要があります。

「苦しいって、具体的にどこが苦しいのだろう？」
「苦しいって、どう苦しいのか、もう少し詳しく説明できないかな？」

など、「具体的には」どうなのかを聞くことで、「苦しい」という言葉にこめた思いや背景を自問自答することができます。

広げる質問：「ほかには？」

視野を広げ、別の視点が得られる質問があります。

それが「広げる質問」です。

「ほかには？」がその代表的なものになります。

「ほかには？」と聞いていくと、たくさんの事例や証拠、体験、記憶、出来事などが出てきます。その質問をすると、それまで見えていなかったことを思い出していきます。

あることに気をとられている状態は、あることに焦点を合わせている状態です。視野を広げて、もっと多くのことに気づけると、状況に対する認識が変化します。

「ほかには？」と自問して出てきた新しい情報について、さらに「具体的には？」と自分に質問していけば、それぞれの情報を深めていくことができるのです。

新サービスの企画を考えているという場合。

二十代男性のニーズを洗い出したあとで、そのニーズに合ったサービスを考えようと次に進むこともできますが、本当に二十代男性だけを対象顧客と考えていいのか、漏れはないのかという疑問が出てきます。

そこで、広げる質問を使うのです。

「二十代男性のほかには、お客様になる人を考えられないだろうか？」

「ほかには」いないかと探してみます。

二十代女性もいれば、三十代の男女もいる、ということがわかるかもしれません。一点に集中していた視野が一気に開かれ、対象が広がっていきます。広がった対象それぞれについて、あらためて「具体的には」何を求めているかを検討していけばいいでしょう。

「深める質問」と「広げる質問」をうまく組み合わせていくと、考える対象を具体的にかつ立体的に捉えることができます。

まとめる質問：「要するに？」

「深める質問」にしても「広げる質問」にしても、情報がたくさん洗い出されます。

大量の情報が集まると、全体像がぼやけて把握しにくくなってしまいます。

そこで、たくさんの情報をひと言でまとめる質問が必要になってきます。

それが「要するに？」という言葉で代表される、「まとめる質問」です。


「要はどういうことか？」

「ひと言で言うと、どういうことか？」


などです。

雑多に広がった情報を要約することで、情報が明確になります。

ひと言で言い表せるということはシンプルになるということ。シンプルでなければ、人は行動できません。行動する上でも重要な質問なのです。

コーチングでも、お客様には、この「まとめる質問」でご自身の状況や「心躍る未来像」や「譲れない価値観」をひと言で表してもらいます。

ちなみに、気の利いたことを言う人の多くは、この「まとめる質問」をよく使い、いつもよく考えている人です。

たとえば、元号が令和に変わったときに、テレビタレントのタモリさんが、「西暦は本の『ページ』で、元号は『章』みたいなもの」と表現したことがありました。これも、西暦とは何か、元号とは何かというさまざまな情報を俯瞰して、核心をぱっとひと言で表しているので、多くの人が感心したのです。

日頃から、世の中のさまざまなことを「要するにどういうこと？」と自問自答していると、気の利いたことが言えるようにもなります。

「3ステップ×3種類」の質問マトリックス

人生を劇的に変える「3×3」の質問ワーク

ここまで見てきた3種類の質問「深める質問」「広げる質問」「まとめる質問」を、3ステップ「現状確認」「解決像探求」「行動選択」と組み合わせて使えば、自分自身に対してはもちろん、どんな会話においても自由自在に質問を繰り出せます。

質問の技術はいろいろと説明されていますが、煎じ詰めてしまうとこの「3×3」に集約することができます。

問題を解決する質問は、この組み合わせの中に入ってしまいます。この組み合わせを頭の中に入れておけば、いつでも質問を考えることができるのです。

さて、この「3ステップ×3種類の質問」を使って、人生を劇的に変える質問ワークをやってみましょう。

書き込みのスペースも用意していますが、字数が限られますので、紙やノートを用意して1つずつ自分への質問をやってみてください。

ステップ1「現状を確認してみようかな？」

まずは、現状確認の質問をしてみましょう。

「いま自分は、自分の人生で、本当にやりたいことをやれているだろうか？もしやれていないのであれば、どんな人生だと言えるだろうか？」

この質問の答えを率直に書き出してみてください。

書き出したら、その答えに対して、3種類の質問をぶつけて、さらに書き出してみてください。

・具体的には　↓
・ほかには　↓
・要するに　↓

いかがでしょうか。それぞれ書き出していく中で、どんどんこの3種類の質問を加えてみてください。「ほかには」でたくさん言葉が出てきたら、それにも「具体的には」と質問を加えてみたりするといいでしょう。

ステップ2「本当はどうありたいのだろうか？」

次に、解決像探求の質問をしてみましょう。

「本当はどうありたいのだろうか？」
「もしも制限がなかったとしたら、どんな人生を歩みたいだろうか？」

この質問の答えを書き出してみましょう。

書き出したら、その答えに対して、3種類の質問をぶつけて、さらに書き出してみてください。

・具体的には　↓
・ほかには　↓
・要するに　↓

ステップ3「では何をしようか？」

そして、最後のステップ、「行動選択の質問」です。次の質問に答えてみてください。

「では、ステップ1の『現状』とステップ2『解決像』を踏まえて、私は何をしていこうか？」

この質問の答えを書き出してみましょう。

現状維持すると決めるのももちろんOK。本当にこうなりたいと思うことのための行動ができてきたかもしれません。

できる限り書き出したら、その答えに対して、また3種類の質問をぶつけてさらに書き出してみてください。

・具体的には　↓
・ほかには　↓
・要するに　↓

いかがでしょうか。徹底的に自分に対して深く深く質問していくと、未来への決心ができた人もいるでしょうし、そのためのやるべき行動が見え、第一歩を踏み出す決意をした人もいるでしょう。

今の現状を継続することにした人も、なんとなくの現状維持ではなく、自分の決断としての現状維持になったはずです。

このワークは、どんなテーマであろうと3ステップの最初の質問から始めることで、様々な問題を自分の頭で考え、未来への行動を決めることができます。

同じ内容の質問でも、3ヶ月後、1年後、など時間を置くと答えが変わってきます。すぐにできるセルフコーチングであり、しっかりと行動につなげることで、劇的に人生が変わっていきます。

人生の岐路に立ったときに限らず、いつでも繰り返しやってみてください。

3×3の質問とは？

自分への質問も他人への質問でも使える
質問のフレームワーク。

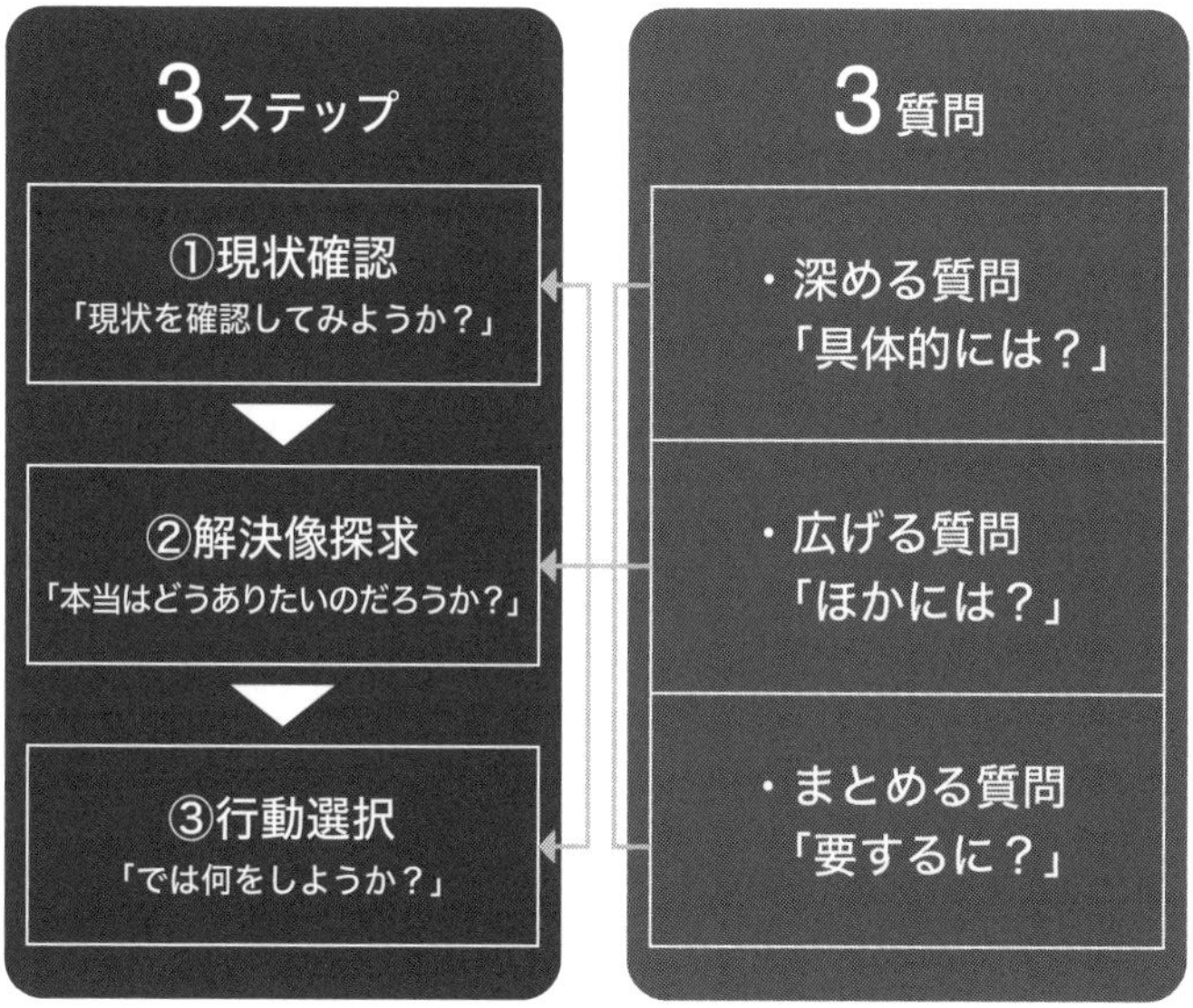

3つのステップで紹介している質問に対して、

「深める質問」「広げる質問」「まとめる質問」

を使うことで、自分の質問の質が上がる！

この3×3の質問で、
人生をいい方向に導ける

第3章

人生を劇的に変える質問

「理想の自分」になるための質問

「ありたい姿」を明確化すると、それに近づいていく

ここまでは「基本的な技術としての質問」を伝えてまいりました。
ここからは、「自分を変えるための質問」についての方法を紹介していきます。
変わりたいと心底思うならば、ただ単に「変わりたい」と思ってもダメです。
「ありたい姿」を明確にする、次の質問をしてみましょう。

「本当はどうありたいのだろうか？」

「どうありたい？」というのは、状態を聞いています。「どう過ごしていたい？」でも「どう働いていたい？」「どう生きていたい？」「どう暮らしていたい？」でもかまいません。

ポイントは「本当は」を質問に入れることです。

なぜ「本当は」と言うかというと、**本当の答えは、「本当は」を入れないと出てこないから**です。「本当は」がないと、現状のしがらみの上での「答え」が出てきます。言ってしまえば、現状の最適解が出てきます。

しかし、人生を変えたいなら、現状の最適解ではなく、人生の本質を見据えた最適解が必要です。

「本当はどうしたい？」

この言葉の背後にあるのは、

「現状の制約や縛りが一切なかったとしたら、本当はどうしたいだろう？」

というものです。さまざまな気がかりなこと、不安、恐怖、周りとの関係性、などの雑念が私たちの思いを覆い隠している可能性があるからです。

それでも、何も心に思い浮かばないのでしたら、

「妄想でもいいから、本当はどうありたい？」


と自らに問いかけてみましょう。

そう自分に質問をして心に浮かぶイメージや思考は、あなたの「心躍る未来像」であり、生きる目的を示唆していることでしょう。

「すぐやる人」になる質問

「行動したい自分」と「行動したくない自分」に質問する

「行動したいのに、行動できない」ということがあります。自分の中で、2つの気持ちが葛藤している場合です。そんなときは、自分の中に2人の自分がいると考えてみましょう。

自分の行動を止めているのは、自分の中のもう一人の自分なのだと考えてみるのです。行動したい自分と行動を止めている自分がいるとして、それぞれの気持ちを質問していくという方法です。

たとえば、社内キャンペーンで新商品のアイデアが募集されているのを知った営業職の人が「新商品の企画書」を書こうと思いながらもできていないとします。

まず自分の中にいる2人のうちの1人、「行動したい自分」の気持ちを確認してみます。


「どうして『新商品の企画』を書きたいと思ったの？」

このように自問してみると、

「お客様の声を反映した商品のアイデアを商品本部に提案したい。それをきっかけにして商品企画部に異動して、もっと力を発揮したいからさ」

というような気持ちがわかるかもしれません。

それがわかったら、「行動を止めているもう一人の自分」にも気持ちを質問してみます。


「もう一人の自分は、どうして商品企画書を書くのを止めているの？」

このように自問して行動を止めているもう一人の自分の気持ちを味わってみましょう。

味わってみたら、どんなことを感じて、何を考えながら、自分の行動を止めようとしているのかを、セリフにしてとらえるための質問をします。

「私はどんなことを感じながら、自分自身の行動を止めているのだろうか？」

そうすると、こんな言葉が出てくるかもしれません。

「お前なんかにできるわけがない！　恥ずかしいだけだからやめておけ！」

「何を勘違いしているんだ？　出すぎた真似をするんじゃない！　引っ込んでいろ！」

出てきたセリフを味わってみて、どんな気持ちになったでしょうか。誰かほかの人に言われたと思って、あらためて読んでみましょう。どう感じますか。

「ふざけるな！　あんたに言われる筋合いはない！」

そんなふうに反発が起こってくるかもしれません。そうであるなら、

「では、本当はどう感じているの？」


と、本当はどう感じているのかを自問自答してみましょう。すると、

「本当は、もっとできると思っているよ！　でも、まだ実績がないから胸を張れないだけじゃないか！　これから実績を出してやる！　今に見ていろ！」

こんな威勢のいい言葉が口をついて出てくるかもしれません。その意気です。そんな気持ちになれたところで、自分に質問してみましょう。


「ならば、実績を出すために今すぐできることは何だろう？」

「どんなことだったら簡単に始められて、しかも実績を出せるんだろう？」

このような質問を自分にしてみましょう。すると、できることを自然に考えはじめてしまいます。

やれないと思っていた自分は、いつのまにかどこかに行ってしまいます。

「行動したい自分」と「自分の行動を止める自分」それぞれの気持ちをしっかり受け止めた上で、できることを探すのです。

そうすれば、「やるかやらないか」「やれるかやれないか」ということを飛び越えて、「今すぐできる小さなことは何なのか」ということに考えを進めることができるのです。

「心のブレーキ」をゆるめる質問

「ブロック」ではなく「ブレーキ」

「すぐやる」ためには、迷いをなくすことが大事です。

迷いは行動の障害となって行動を邪魔します。人によってはそれを「心のブロック」と呼ぶようです。

最近では、「SNSアカウントをブロックされた」とか、「攻撃をブロックする」というふうにも言われるので、強固な壁のようでもあり、障害のようにも考えられるのかもしれません。

しかし「私の心にはブロックがある」と思い込んでいると、あたかも強固な壁が自分の行動を阻んでいるようなイメージが固定化されてしまいます。
「ブロック」という比喩《ひゆ》から、それを「破壊しなければならないが、ブロックは強固で破壊しづらい」というイメージまで膨らむかもしれません。

もしもあなたが「心のブロックがある」と思っているのであれば、「ブロック」と呼んでいるものを「ブレーキ」と呼び換えてみてください。

ブレーキは、車のブレーキのことです。

人生は、車に乗って自分の行きたいところに向かう旅のようなものです。
あなたは自分という車のハンドルを握って運転しています。キーを入れて、エンジンをかけて、アクセルを踏んで発進です。快適なドライブを楽しんでいるところです。
前方の信号が赤です。ブレーキを踏もうとしたときに、もしもブレーキがなかったらどうしますか？

信号で止まれず、大事故になるかもしれません。
でも気がつけば、ブレーキはちゃんとあって、あなたはブレーキをうまく使って停止することができました。

そんなブレーキだとしたら、どうでしょうか？
私たちは、アクセルもブレーキもある車だから快適に運転できるのです。
あなたの行動を止めてしまうものも、車のブレーキみたいなものかもしれません。

「心のブレーキ」をゆるめる3つの質問

ブレーキが車にとって大事な機能であるのと同じように、心のブレーキも大切な機能です。自分の行動を止める力が、車のブレーキと同じようなものなら、調節の仕方、ブレーキの踏み方を学べばいいのです。

今後は、行動がうまく進まないときは、「ブロックだ」などと思わずに「ブレーキを踏みすぎかもしれないなあ」と気楽に考えてみるといいでしょう。
行動するに当たって、ブレーキを踏んでしまって行動できない。そう感じているならば、ブレーキをゆるめてしまいましょう。そのための3つの質問を紹介します。

【心のブレーキをゆるめる3つの質問】

1．【仮決め質問】「仮に決めただけで、あとで修正してもいいとしたら、何からやってみる？」

2．【お試し質問】「試してみるだけで、途中でやめてもいいとしたら、何からやってみる？」

3．【遊び心質問】「本気じゃなくて、遊びでやるとしたら、何からやってみる？」

「完璧にやらないといけない」と思い詰めてしまったり、責任の重圧を感じすぎてしまったり、とても難しいことにチャレンジしているような気持ちになったりすると、行動のブレーキを強く踏んでしまいます。

この強い踏ん張りをゆるめるために、「仮決め」「お試し」「遊び心」という3つの質問がとても有効です。

私たちは思い詰めてしまうと緊張して、ブレーキを踏んでしまうのです。私たちの心にはアクセルもあるのですから、ブレーキをゆるめてアクセルを踏んでいけば、行動できるものなのです。

「先延ばしグセ」を撃退する質問

「先延ばし」によって優先していることは何だろう？

どんな理論を学ぼうと、どんなテクニックを知っていようと、行動しなければ何も知らないのと同じです。口だけだったらなんでも言えます。言葉を行動に移すことが難しいのです。実際、

「すぐにやれたら、いいんだけどなあ」

と言いながらもぐずぐずと先延ばししてしまっている人は多いものです。

もしもあなたが先延ばししてしまうクセがあると感じているならば、次のように自分に質問してみましょう。

「先延ばししていた間に、何をしていただろう?」

やるべきことを先延ばしにして、その間に何もしないでいる人はいません。必ず何かをしているはずです。

たとえば、スマホゲームをやっていたとか、ネットのニュースをいつまでも見ていたとか、メールチェックをしていたとか。そうこうしているうちに、時間が経ってしまい、結果として先延ばしになってしまったということがあるはずです。

ならば、やるべきことは先延ばしして、スマホゲームなどを優先してしまったのはなぜでしょうか。

それも自分に質問してみましょう。

「どうして、スマホゲームを優先したんだろう?」

きっと、いろいろな理由が出てくるでしょう。「楽しいから」「気分転換したかったから」「面白いから」「なんとかクリアしたいから」……など。

その理由を答えてみて、どう感じましたか。何か気づいたことはありませんか？

気づきを書き留めておきましょう。

「先延ばし」した理由から見えてくるものは？

そこで次の質問です。

「これらの理由から見えてくることは何だろう？」


日々のストレスがある。むしゃくしゃしていた。集中力が続かないので、集中できるものを体験したい。あまり頭を使いたくない……などの本音が出てくるかもしれません。

仮に自分の中に「建前の自分」と「本音の自分」がいると考えてみましょう。

「建前の自分」と「本音の自分」は常に主導権を争っていて、「建前の自分」が気を抜くと、いつのまにか「本音の自分」が主導権を握ってしまいます。という設定で、問いかけてみます。

「もしも、『本音の自分』が、『建前の自分』の目を盗んで主導権を奪い、あえて先延ばしを選んでいたのだとしたら、それはなぜだろう？」

「本音の自分」の気持ちになってみましょう。

「本音の自分」は、「興味のないことはやりたくないので、興味のないことだから先延ばしを選択した。むしろ今後もやる気がない」と答えるかもしれません。

「『本音の自分』は、それを先延ばしして、ほかに何がやりたいと思っているのだろう？」

これも「本音の自分」になりきって、「本音の自分」が本当にやりたいことがあるのだとしたら、それは何かを考えてみましょう。「本音の自分」の気持ちを十分に考えることができたら、今度は「建前の自分」について質問してみましょう。

「『建前の自分』は、先延ばししてしまってどんな気持ちなんだろう?」

「ずるいことをしている気がする。課題が残るだけだから、早く片づけたほうがいい。この期間にやらずにすんだのでちょっとホッとしている。でも、いつか取り組まなくちゃいけないのは面倒だ」

など、「建前の自分」もちょっと弱気であることがわかるかもしれません。

「『建前の自分』にとって、本当はどうするのが一番いいのだろう?」

「本当はさっさとすまして、ほかのことに取り組みたい。本当に取り組みたいことはほかのことだ。しかし先延ばしをするのはよくない。やりたくない気持ちをなんとかできないものか?」

ここまでくると、自分の気持ちが大体整理されて、すっきりとしてきたはずです。

心機一転仕切り直しする

「本音の自分」も「建前の自分」の気持ちもわかったところで、あらためてどうしたいかを考えてみましょう。

「今から心機一転あらたに仕切り直して取り組むとしたら、何から始めたい？」

そこで出てきた答えこそ、あなたに必要な行動であるはずです。

先延ばしをさらに続けるもよし。さっさと取り組んで先延ばしにさよならをするのもよし。すべてはあなた次第です。

いずれにせよ、行動すると決めたことがあれば、次の手順を踏んで、今度こそ確実に行動していきましょう。

1. 目的と目標を確認する

あらためて何のために行うのか、目標とすべき量と質はどれくらいか、納期はいつか、何をもって完了とするのか、などを確認します。

2. 工程を見渡してできるだけ小さな行動に切り刻む

目的や目標までの工程を見渡して、全体のプロセスを細分化します。できるだけ小さな行動にまで工程を切り刻んで、今すぐにできる小さなことを決めましょう。

3. さっと小さなことだけやってしまう

すぐにできる小さな行動が見つかったのですから、開始期限を決めた上で、ちょっとだけやってしまいましょう。今すぐやってしまうのがミソ。今すぐできないとしたら、まだ行動が大きすぎるのです。

今、仮に3分しかなくても、3分以内でできるような小さな行動を見つけて、3分以内にやってしまいましょう。

そうすれば、先延ばしは終了。行動のサイクルを回し始めることができます。

「嫌われてもかまわない」きっぱりと断る質問

日本人のための断る力の高め方

日本人のいいところでもあり、悪いところでもあるのが集団主義的思考です。

聖徳太子の時代から「和《わ》をもって貴《とうと》しとなす」と言われ、日本の心は大和心と言われます。「大いに和す心」という漢字ですし、「やまとごころ＝いよいよまとまるこころ」と読みます。

とても素晴らしい考え方である一方で、他人に気を使いすぎて、周囲の人に同調しようとするあまり、誘いや依頼を断るのが苦手な人が多いのも事実です。

たとえば、嫌な上司から誘われた飲み会。人数合わせのために招集をかけられたゴルフ。歌が大の苦手なのに誘われたカラオケ。

最近の若い方は、お酒を飲まない方が多いようで、「アルコールは飲めないので飲み会はちょっと遠慮しておきます」とはっきり言える人も増えているようです。

そういう人はいいのですが、飲めないのに断れない人は、さぞ辛いだろうと察せられます。

心の中では「断りたい。でも、断れない」という状態であるならば、この葛藤を解決するために次のような質問を自分にしてみましょう。

「断ったら、どうなるのだろう？　断らなかったらどうなるのだろう？」

断った場合と、断らない場合をしっかりと想像してみるのです。

案外、断ってみると「あっ、そう。じゃ、ほかのやつに声をかけるか」と軽く受け止められて、問題もなくすむことだってあります。

逆に、表面的には笑顔でも、「俺の誘いを断りやがったな！」と逆恨みされることもあるかもしれません。それが不安なら、さらに質問してみましょう。

「もしも逆恨みされた場合、どうなるだろう？」

いろいろなパターンがあるかもしれません。直属の上司ならば、この先仕事がやりにくくなることもあるでしょう。

他部門の方なら、普段はあまり実害がないかもしれません。ただし、一緒に仕事をするときに嫌がらせをされるかもしれません。

そんな想像を続けていくと、なんだかいやらしい性格の人と仕事をする未来が浮かんできます。

ならばそこで、次の質問をしましょう。

「果たしてそんな人に気に入られるというのは、どういう意味があるだろう？」

組織人というのはそういう人ともうまくやっていかなければならない、という考え方が出てくるかもしれません。

「そんな人は大して上までいかないだろうから、数年の我慢じゃないか」と思えるかもしれません。あるいは、実際の上司はそこまで陰険な人だろうかと考えてみて、そんなことはないだろうと結論づけられるかもしれません。

いずれにせよ、その先どうなるかと自分に質問をして、未来をシミュレーションしていきましょう。そして行き着く果てにどうなるのか。いくつかのパターンを想定した上で、次の質問をしてみましょう。

「いろんなパターンがあるが、結局、私はどうしたいのだろう？」

その結果、「嫌われたとしても今回の誘いは断る」とか、「ちょっと我慢すれば済むことだからことを荒立てずに誘いに乗っかろう」と判断がつくでしょう。熟慮の末、あなたが決めたことならば、どんな結果を招こうとかまわないという気持ちにもなれます。

一番いけないのは、よく考えもせず、覚悟を決めもせずに返事をしてしまうことです。

自ら決めたという感覚がないと、どんな結果が起ころうとも、誰かのせいにしたくなり、被害者意識のみが育ってしまいます。

NOというのも自分の決断。
YESというのも自分の決断。

自ら決めるために、どちらに展開する場合も、質問力を使ってシミュレーションして、不安を吹き飛ばしてしまいましょう。

人生の質を高める最高の質問

今までの人生に区切りを入れるための質問

たった1つの質問が、なぜ人生を劇的に変えるのか？

それは、**質問の質が人生の質（Quality of Life）を決める**からです。

無自覚に生きていたら、私たちの人生は流されるばかり。ときに立ち止まり、振り返り、自分に質問することで、自分らしく人生の質を高めることができるのです。

人生の質を高めるための質問を紹介しましょう。


「もしも、人生が明日終わるとしたら、今日のうちにやっておきたいことは何だろ

う？」

本書冒頭に掲げたジョブズの問いにも通じるものです。私たちは、自分が明日をも知れぬ身の上であるということを忘れています。いつまでも今日と同じ時間が続くものだと思いこんで暮らしています。

それも悪くはありませんが、日常に安住するあまり、いつの間にか人生の本質から遠ざかっているなら要注意です。

人生最期の一日に何をしておきたいでしょうか。

いつまでもあると思えばこそ、先延ばしにしてこられたことも、もう先延ばしにはできないのです。猶予は今日一日だけ。やり残したことはないでしょうか。たくさんあるかもしれませんね。

ならば、付箋を使って全部書き出してしまいましょう。

もう今日が最期なのですから。本当はやりたかったことやどうせ無理だと思って諦めていたこと、どうせ死ならやっておきたいこと。

それをせずに死んだら絶対に後悔するだろうこと、などを付箋に書き出してみてください。


書き出したものを眺めてみて、どう感じるでしょうか。

「もっと早くやっておけばよかった」

「先延ばしする必要なんてなかった」

「なんでやってこなかったのかわからない」

など、さまざま感じることでしょう。


さて、今日が人生最期の日だと思って作業を進めてきましたが、実は最期の日ではありませんでした。

まだ時間はあります。

しかし、絶対にやっておきたいいくつかのことが明確になりました。

どうしますか？

やればいいということがわかったはずです。その気持ちをしっかりと受け止めて、今からやってみましょう。

もう、一切の言い訳は不要です。やるだけです。

過去の出来事を「学び」に変える質問

「もしもやり直せるとしたら、何をどうやり直したいだろうか？」

失敗してがっかりしたり、後悔したりすることがあります。過ぎたことだとはいえ、思い出してはため息をつき、自己嫌悪に陥る。できれば忘れてしまいたい。そう感じる方も多いと思います。

しかし、その体験から学び、将来に生かすことができれば、人生の質を高めることができます。この質問で、体験から学び、教訓を得ることができるのです。

大抵の出来事はやり直すことなどできません。

しかし、これからやろうとすることを仮想実験できるように、実際にやったことでも別のやり方をしたらどうなるだろうかと仮想実験できるのです。

この質問をすることで、過去の出来事を、経験したあとの視点でやり直すとしたらどんな行動ができるかを考えるようになります。

やり直せたらいいなという出来事を、1つ選んでみてください。仕事や対人関係上のやり取りや、自分の言葉や行動など、思い当たるものを1つ選びます。

この質問に答えようと考えていくと、

・やり直すとしたら、やれる方法はいくつも考えられる
・出来事の始まりから終わりまでの過程で、いくつもの転換点があることがわかる
・当時、想定していた仮定と結果とのつながりがわかる
・今なら、本当はどうしたいと考えるだろうかがわかる

などが見えてきます。

最後にこう自分に質問してみましょう。

「ここまで考えたことで、将来に活かせる教訓は何だろう?」

この質問に答えてみると、過ぎた出来事から将来に活かせる教訓が得られます。

「そんなことは言えない……」という気持ちを乗り越える質問

「もしも言い損ねたことを伝えられるとしたら、誰になんと伝えたい?」

私たちは、社会生活の中で「言ってもムダ」とか「絶対言えない!」と思いこんで自分の気持ちを隠したり、押し殺したりしてしまうことがあります。

あるいは、ちょっとしたきっかけやプライドが邪魔をして、伝えるべき感謝の気持ちや愛情などを伝えられなかったりすることもあるでしょう。

そこでもしも、安全で安心できる場が用意されて、伝え損ねた相手に何を伝えてもいいとしたらどうでしょう。

誰に何を伝えたいでしょうか。すでに亡くなった方への感謝の気持ちかもしれません。パワハラを受けた上司に対する反論かもしれません。何でも結構です。

もしも伝え損ねていることがあるなら、それをどんどん書き出してみましょう。

そして、書き出した言葉を、口に出して言ってみてください。

ここまでやったら、気づいたことや感じたことを受け止めてみます。

今後の人生でも思いを押し殺して生きていくか、もっと表現していこうと思うか、何らかの気づきが生まれます。その気づきを生かしていきましょう。

普段の日常生活が私たちに課している制約を取り払ったときに、私たちの本質が見えてきます。

私たちは何を欲しているのか。その欲するところを満たしていくとき、私たちの人生の質は高まっていきます。

四方良しの人生を目指しなさい

「質問で魂を悦ばせる」と、自分は変わる

私は「魂が悦《よろこ》ぶ®」というコンセプトを提唱しています。これは「自分が悦び、相手が悦び、関係者が悦び、無関係者が悦ぶ」という四者の悦びが交わるところを「魂が悦ぶ」と呼んでいます。

この「魂が悦ぶ」交点に、とてつもなく大きな悦びが生まれ、生きがいを感じることができるのです。

「魂が悦ぶ」ことが見つけられたら、それは、障害も感じられず、誰もが協力してくれるので、間違いなくその望みの実現は加速していきます。

この「魂が悦ぶ」ことを見つけるためには、四者の悦びを1つひとつ自分に質問していくことから始めるといいでしょう。

・自分が悦ぶことは何か?
・対象となる相手が悦ぶことは何か?
・関係者が悦ぶことは何か?
・無関係者が悦ぶことは何か?

最初に自分が悦ぶことを、自分に質問します。それが見つかったら、取り組む課題ごとに対象となる相手が見つかるでしょう。お客様であったり、パートナーであったり、協力者であったり。

その相手の悦ぶことを考えてみるのです。

自分の悦ぶことに関係する人たちが「関係者」であり、直接的には関係のない人が「無関係者」です。「無関係者」の中には、動植物も海中生物も地球環境も宇宙もすべて含まれていると考えてみてください。

当然、質問して出てきた答えは、想像に過ぎません。

しかし、多くの人がそれぞれの利益になり、悦びを感じるようであれば、人は自分を動かしやすくなります。自分の内的な動機となり、自分を動かすきっかけになるはずです。

まずは、

「私の、『魂が悦ぶ』状態って何だろう?」

と質問してみましょう。仕事だったり、家族が悦ぶシーンが浮かんだりするでしょう。ぼんやりとしたイメージでもかまいませんので、探してみてください。

たとえば、「私はこの事務所移転プロジェクトを成功させ、長期休暇をとってハワイに行きたい」としましょう。

そのときの相手がお客様だとしたら「お客様は、この事務所移転プロジェクトがトラブルなく成功してほしいと思っている」と想像します。

そして関係者である自社内の関係部署のメンバーは「移動させるお客様の荷物を問

違いなく正しい場所に届けたい。新規搬入の製品は輸送途中や搬入途中に破損などしないようにしたい。施工チームには時間内に作業を終われるように段取りをしっかりしておきたい」と思っている。

さらに無関係者としては、移転先のご近所の商店や近隣のオフィスの人たちを思い浮かべて「オフィスの引っ越しにしては段取りよくテキパキ作業しているなあ。自社が引っ越しするときはこの業者に頼もう」と感じている。

このように四者の悦びが重なるスイートスポットが「魂が悦ぶ」状態です。お客様も悦び、社内の同僚も、ご近所さんも悦んで、自分もトラブルなく長期休暇をとることができている状態です。

この「魂が悦ぶ」状態から逆算して、

「現在の自分に何が必要なのか?」

「何をしていけば、『魂が悦ぶ』状態が現実のものとなるのか?」

を自問していきましょう。

この問いに対する答えを思いつく限り書き出して、その中からもっとも効果的で、すぐに取り組むべきものを実行しましょう。

あらゆる場面でこの「魂が悦ぶ」状態を思い描き、行動を選択していけば、人生は**必ずいい方向に変化していきます。**

第2部

他人を動かす質問力

第4章

会話、雑談で人を惹きつける質問

人を動かせなければ、人生は劇的に変わらない

第1部として、自分を動かすための質問をしていきました。

質問が人生を変えるのは間違いありません。ただ、先にも述べた通り、人生は自分の力だけではどうしようもないことが多々あります。

どれだけ頭がよく仕事の能力が優れていようが、社内で味方になってくれる人や応援してくれる人がいなければ、大きなプロジェクトは成功させることができません。

成功して人をマネジメントする立場になったら、自分の能力以上に大事になってくるのは、いかに部下の能力を引き出し、できる部下に成長させられるかです。

人を動かす立場になれば、自分だけでなく、人を動かし、相手の主体性を引き出せる人にならなければいけません。

つまり、**大事なのは、「自分も人も」変わること。**

シンプルに言えば、**「人を巻き込み、人が動いてくれるようになると、人生は劇的に変化する」**のです。

本書冒頭で紹介したジョブズ自身も、自分に質問をし続けたからこそ、人の心を動かし、巻き込み、人生を変え、世界を変えられたのです。

他人を動かすのは、自分を動かす以上に難しいと感じるかもしれません。

後述しますが、そもそも人は動かせません。上司として言葉がけや命令はできても、思い通り人は動かないからです。

しかし、自分から動きたくなるようにさせる方法ならあります。

その方法もまた「質問」なのです。

これまで紹介した自分への質問ではなく、人を動かす質問もマスターしてみてください。

いい人間関係をつくり、質問で主体性を引き出すことができれば、自分だけでなく他人を動かせます。ひいては人生だけでなく、世界をも劇的に変えられるのです。

いい質問は、人の行動まで変えていく

会話のゴールを設定する

本章からは、会話において人間関係を変えるための質問力を紹介していきます。

人生は自分だけでは、いい方向に動いていきません。

人を巻き込み、動いてもらったり、協力してもらったりすることで、仕事も人生もうまくいくものです。

人はひとりでは生きられません。対人コミュニケーション能力を高める「質問の技術」を身につけましょう。

「質問の技術」を云々する以前に大事なことがあります。

それが**「会話のゴール」をどう設定するか**ということです。

会話は一方的な話で終わるわけではありません。相手があることです。どのように展開するのかは、会話してみてはじめてわかるものです。だからゴールなんて設定できるだろうかと思うかもしれません。それでも主体的な態度で会話に臨むのならば、「質問と回答の応酬の果てに、その会話はどこに行き着けばいいのか」を考えることはできます。

これが「会話のゴール」です。

私たちは日頃、「会話のゴール」を考えていません。だから思わぬ話の展開で時間をムダにしたり、枝葉の問題にこだわって無意味な議論に陥ったりしてしまいます。

「会話のゴール」を決めておくことで、より一層効果的な会話をすることができます。

たとえば、ある日の友人との「会話のゴール」は「旅行の行き先についての合意」であってもいいでしょう。上司との面談のゴールは「自分の評価を高めること」であるかもしれません。

個々の会話にはそれぞれのゴールがあります。もしも会話のたびに、「この会話の

ゴールは何だろうか」と考えるのが面倒くさいと思うならば、少なくとも、

「お互いが幸せになること」

を会話のゴールに決めてしまってもいいでしょう。

たとえば、ランチをどこで食べるかについて同僚と会話するとします。その会話の究極のゴールを「お互いが幸せになること」と決めます。

そうすると、「今日は気分のいいカフェに行ってみませんか？」と提案したり、いつも通っている定食屋に行くにしても楽しい話をしようと考えたり、食後にわずかな時間でも散歩してみませんかと誘ってみたりすることもできるでしょう。ゴールを設定するかしないかで、行動はまったく変わってきます。

商談や仕事の面談であれば、個別にゴールを設定することで会話の質は向上します。商談のゴールが「購入の決定」なのか「自分を知ってもらう」なのかによって、何を話すかは変わってきます。

目的があれば無限の質問を繰り出せる

「会話のゴール」というのは、何のためにその会話をするのかという「会話の目的」によって決まります。

「会話の目的なんてあるのだろうか？」と疑問に思う方もいるかもしれませんが、人が誰かと会話するのは、それによって達成したい「目的」があるからです。だから目的のない会話はないのです。

その会話の目的は3つに大別することができます。

1. 「関係」を構築する　(例：仲よくなる)
2. 「情報」を伝達する　(例：連絡や報告)
3. 「状況」を変化させる　(例：購入を促す)

あらゆる会話は、この3つのどれかの目的があるものです。

「質問」も会話の「目的」に照らして考えてみれば、容易に思いつくことができます。
たとえば、うまい質問をしようと気を使いすぎたり、相手の反応が気になってしまったりすると、かえって質問が出てこなくなります。間が空いてしまって、何を言っていいかわからなくなって頭の中が真っ白になってしまうということも、よくあるでしょう。

そのようなときには、これらの3つの目的を思い出して、今行っている会話の目的が何だったのかを確認してみましょう。そうすると、会話に戻ることができ、いろいろな質問も思いつきます。

目的が「『関係』を構築する」なら、「お世話になっております。どちらからいらっしゃいましたか？」という、相手が答えやすい問いかけをすればいいでしょう。挨拶は、この「関係構築」のために欠かせないものです。

目的が「『情報』を伝達する」なら、たとえば「最近話題のアプリはご存知ですか？」と問いかけて、自分の伝えたいアプリの情報に対する興味を相手にもってもらうこともできます。

目的が「『状況』を変化させる」なら、望ましい状況となるように相手の疑問点や、協力してもらえる条件や意思決定が不可欠な要因を聞き出すための質問ができます。

このように目的に意識を向ければ、質問はいくらでも生まれてきます。頭の中が真っ白になってしまったら「会話の目的」に意識を向けましょう。

会話の究極の目的とは何か？

先に見た会話の3つの目的ですが、さらに煎じ詰めると1つの目的に集約されます。それが「『行動』を変化させる」ことです。

「『関係』を構築する」のも、ある関係を結んだ状態にするということであり、その関係は、「行動」に表れます。

たとえば、笑顔で話す状態に変化させるとか、連絡を取り合う関係に変化させるということになります。

関係の構築によって行動が変化するのです。

「『情報』を伝達する」ということも、相手に情報を伝達するのは、相手がその情報を知らなかった状態から、知った状態に変化させるということです。

情報を知ってしまった相手は、その結果、なんらかの行動が変化し始めます。素晴らしい商品やサービスを知ったら、それを採用したり購入したりと、行動が変化するわけです。

このように見てくれれば、**すべての会話の目的は「『行動』を変化させる」**ということに集約できます。

会話によって、いい人間関係をつくり、相手に動いてもらえる状態をつくることが、結果として自分の人生を劇的に変えるのです。

「質問スキル×気分」で、相手も自分も楽しくなる

気分を最初にコントロールする

私は、対話を始める前にまず気分のコントロールをします。

これから行う対話にふさわしい気分を選んで、その気分を事前につくるようにしているのです。

気分のコントロールを行わずに対話を始めてしまうと、どうなるでしょう。そのときの気分で、対話の質が上がったり下がったりしてしまいます。

たとえば、いい対話をしようと思っていても、直前の出来事に腹を立て、イライラしたまま話し始めると、そのイライラが反映してしまいます。

イライラするだけでなく、面倒になって早く切り上げようとしたりするかもしれません。

一方、いい気分で対話することによって、人の気分を上げられるようになります。つまりは、相手を前向きにさせたり、相手のやりたいと思ったことを行動させたりすることができるのです。

コミュニケーションにおいても「今の気分」はとても重要なのです。

私たちは、気分をコントロールすることができます。そのための方法もいろいろあります。

気分のコントロールは、3分くらいの時間があればできる簡単なものもあります。

一瞬で気分を切り換える方法に習熟すれば、3分もいりません。たとえば、会議で急に発言を求められたときなどにも対応できます。

ここではそのトレーニング方法を紹介します。

気分のコントロール法

気分のコントロールについては拙著『結局、「すぐやる人」がすべてを手に入れる』で、5つの原則としてまとめています。ここでも5つの原則を紹介しておきましょう。

1. 気分は変えられる、と知る
2. 感情表現の3要素（表情・動作・言葉）で変えられる
3. 思い出すだけで気分は変えられる
4. 思い描くだけで気分は変えられる
5. 環境を変えるだけで気分は変えられる

これから紹介する気分のコントロール方法は、この5つの原則に基づいたものになっています。

1．軽く目を閉じて深呼吸をして呼吸を数え続ける

気分を切り換えたいときに深呼吸をすると効果的です。

目を閉じて、ゆったりとした呼吸をし、その数を数えていきましょう。

気分が落ち着くまで数え続けます。

数えながらも雑念が湧くようでしたら、数を数えながら「気分は変えられる。いつでも私は気分がよい」というようなポジティブな言葉を心の中で唱えてみましょう。

2．「ゴール」を設定し、表情と動作と言葉で表現してみる

第4章のはじめにお伝えしたように、会話のゴールを設定を行います。

たとえば、いつも行っている商談、近々行うプレゼンテーション、部内ミーティングなどのゴールを例にやってみましょう。

「新規契約をとる」

「プレゼンテーションで自分の企画が採用される」

「現状の部の問題点を見つけ、改善策を決める」

などが出てくるでしょう。

そのゴールを確認したら、それを顔の表情で表現してみましょう。

たとえば、「新規契約をとる」ことができたら「嬉しい表情」をするでしょう。実際に会話のゴールにたどり着いたときの「嬉しい表情」をしてみるのです。

それができたら、それを体全体の動作や仕草でも表現してみましょう。

たとえば、「プレゼンテーションで自分の企画が採用された」なら、心の中で嬉しさのあまりガッツポーズをするかもしれません。それを体で表してみるのです。ガッツポーズで飛び上がってもいいでしょう。

さらにワンフレーズくらいの言葉で表現していましょう。

たとえば、「現状の部の問題点を見つけ、改善策を決める」ことができたら、「よし！これをすればもっとよくなるなあ！」といった気持ちになるでしょう。その言葉を口に出してみましょう。

ここまでやったら、今度は同時に表情・動作・言葉で表現してみましょう。たとえば、「嬉しい表情」でガッツポーズをとって飛び上がって「契約が取れたぞ！」と口にしたり、あるいは、キリッとした表情で、背筋を伸ばして「よし！　これをすればもっとよくなるなあ！」と口にしたりするということです。

この感情表現の三要素を1セットとして、「タイトル」(名前)をつけておきましょう。たとえば「念願の契約成立！」と名付けて、覚えておけばいつでも思い出せます。忘れないタイトルにしておくと、より一層効果的です。

いざ本番の対話のときに、このタイトルを思い出しながら、表情・動作・言葉の組み合わせで「ゴール」を表現してみると、一瞬でそのゴールのいい気分を再現でき、いい気分になることができます。

3．味わいたい気分を体験した思い出を、じっくりと思い出す

これから行う対話などで味わいたい気分を選んでください。気分を変化させるには、なりたい気分の記憶を思い出すことです。

たとえば恋人とワクワクした気分で過ごしたいなら、かつてワクワクした日のことを思い出します。緊張したくないと思うならば、リラックスしていたときのこと（たとえば温泉でくつろいでいるところ）などを思い出します。

イメージを具体的に思い描き、思い出の場面をしっかりと味わうと、自然と気分が変化していきます。

4．理想の気分を味わえる架空の場面を空想し、しっかりと味わう

場面を味わうのは、必ずしも体験した場面である必要はありません。架空の場所で誰かと何かをしている場面を妄想するのでもいいのです。

たとえば、映画のワンシーンの中に入って、登場人物になりきるのもいいでしょう。理想の未来の自分を想像するのもＯＫです。

5．お気に入りの場所に行く

場所を変えると気分が変わります。

私たちは、環境に大きく影響されるものなのです。気分を変えたければ、気分のい

いところに移動することです。

たとえば、おしゃれなカフェ巡りをするのもいいでしょう。おしゃれな書店とか、緑豊かな公園や自然の中もいいでしょう。

いつも自分の意思で気分のいいところに行くようにしていると、そのいい気分を脳が記憶していきます。

その経験と記憶があれば、「思い出す」ことも、想像で「思い描く」ことも楽にできるようになります。自分の中に気分を変えるための素材があるだけで、気分のコントロールはうまくなります。

いい雑談をするための準備

「雑談」のウォーミング・アップ

「雑談」は、得意な人にとってなんの問題もありませんが、苦手な人にとっては、「どうしたらいいの？」と不安になるばかりだと思います。

「雑談」が苦手だという方は、次の手順で「雑談」の前にウォーミング・アップをすることで不安が解消します。

・「本題」の確認

まず、その日の対話の「本題」は何かを確認します。商談であれば「サービスの紹介」「システム導入のクロージング」など、さまざまあると思います。

・最近自分の身に起きた面白い体験を思い出しておく

「雑談」はどんな話題でもかまいません。ただポイントはあります。

「暗い話題よりも楽しい話題」

これだけです。このほうが、対話はスムーズに進みます。

まずはあなたの身の回りで最近見たり聞いたり、体験したりした面白い話を探します。ささいなことでもいいから思い出そうとすると何か思い当たります。

たとえば、テレビで観たちょっといい話、ビジネス誌で読んだおもしろい話、ほかのお客様から聞いた最近の市場の傾向など、思い浮かぶものを書き出しましょう。

・「本題」から連想する言葉を書き出す

マインドマップという手法がありますが、1つの単語から連想される言葉を芋づる式に書き出す方法で「本題」から連想される言葉を書き出します。

・相手の趣味や関心事を想像で書き出す

これもマインドマップなどを使って、これから話す相手の趣味、嗜好、関心事など知っていることと、知らないことを思いつく限り書き出しておきます。

・「本題のゴール」の確認

「雑談」から「本題」へ進み、たどり着きたい「ゴール」が何かを確認します。どんなゴールに向けて話していきたいのかを明確にしておきましょう。

たとえば、「当社のサービスを完璧に理解してもらう」「ご注文をいただく」「提案を気に入ってもらう」などです。

ここまでのウォーミングアップをやっておくことで、雑談に対する不安はかなり消えているでしょう。

次からは、相手の話をしっかり聞くための「相手への興味の持ち方」を説明していきます。

会話が弾む「興味の持ち方」

何を聞けばいいのかわからないときは?

「お客様と話さなければならないのに何を話したらいいのかわからない」

「話が続かない……」


一時的に頭が真っ白になることがあるということは誰にでもあることです。

そんなときには、何を質問するかよりも、相手に興味を持つことが大事だということを思い出してください。

頭になんの質問も浮かばないというときには、大概、意識が自分に向かっています。

「何を話そうか？」という発想が、自分の心の中に意識が向かっている証拠です。ちょっと深呼吸して落ち着きましょう。

そして、相手のことを考えてください。目の前にいる相手の「外見」「現状」「今やっていること」「最近あったこと」などに、フォーカスを合わせると、質問は次々浮かんでくるはずです。

好奇心を持って相手のことをよく見てください。

あなたの目の前の人について、知らないことだらけであることに気づきましょう。

・今日は、ここに来る前には何をしていたのか？
・着ているスーツは素敵だが、どうやって選んでいるのか？
・これまでどんな仕事をしてきたのか？
・今の仕事を選んだきっかけは何だったのか？

知らないことばかりであることに気づいたら、今一番聞くとよいことを聞いてみればよいでしょう。

質問をきっかけに話が始まります。軽い気持ちで、好奇心に任せて何か聞いてみましょう。

相手に対する興味を持ち、好奇心にスイッチを入れて、わからないことを片っ端から質問していくつもりになれば、いくらでも質問することができます。

相手の興味の持ち方に興味を持つ

相手に興味を持てれば、それをどんどん聞いていけばいいでしょう。

しかし、そうやって相手のことを聞いていくと尋問のように感じられてしまい、かえって嫌がられることもあります。興味の対象が相手なので、興味の矢印の先端が相手を刺してしまうのです。

自分の一挙手一投足に意識が向いて、リラックスできなくなります。その結果、自分は評価にさらされ責められていると感じたり、尋問されているように感じたりする可能性があります。

そうなると、相手の心は固く閉じていってしまうのです。

そうならないために、興味の矢印を直接相手に向けない方法が2つあります。

1つ目は**「興味の矢印を『相手の興味の対象』に向ける」**という方法です。

たとえば、その相手はバスケットボールが好きだとします。

その場合、相手の興味の矢印はバスケットボールという競技に向けられています。それを聞き出せた上で、あなたがバスケットボールに興味の矢印を向けられたら、話は進み始めます。

しかし、あなたはどうにもバスケットボールに興味が持てない。だからあなたの興味の矢印がバスケットボールという競技に向いても話が弾まず、続いていかない。そのような場合にはどうしたらいいでしょうか。

それが2つ目の方法、**「興味の矢印を『相手の興味の矢印』そのものに向ける」**という方法です。あなたは、相手がバスケットボールという競技に向けた矢印そのものに、あなたの興味の矢印を向けてください。相手は、バスケットボールにどんな興味を持っているのだろう、と興味を持つのです。

「バスケットボール」に興味を持てなくても、相手の「バスケットボール」に向けた興味の矢印そのものに、あなたの興味の矢印を向けてみましょう。すると心の中にこんな疑問が浮かぶかも知れません。

「バスケットボールはいつから好きなんだろう？」
「バスケットボールの何が面白いのだろう？」
「何が面白くて、プロのバスケットボールの試合を観ているのだろう？」

実際に興味の矢印を向けてみないと、相手が何に面白さを見出し、何を感じ、何を考えているのかは分かりません。人は一人ひとり違っているのです。

「バスケットボール」という言葉ひとつとってみても、それがどんな意味を持ち、どんな悦びをもたらしているのかは本人に訊いてみなければわかりません。

この心の中に生まれた疑問を口にして、

「バスケットボールに興味を持ったきっかけは、何だったんですか？」

「バスケットボールを始めたとき、一番印象的だったことは何ですか?」
「バスケットボールのプロ選手のすごさって、どこにありますか?」
「バスケットボールに学んで、仕事や暮らしに活かせていることって何ですか?」

と質問してみることもできます。

興味のない話題でも、気づきを促す質問をすることで、自分にとっても有益な気づきを得ることができるのです。単に「いいですね」と言ってみたり、無理に興味がある振りをしたりするよりも、実りの多い会話になります。

このように興味の矢印を「相手の興味の矢印」そのものに向けてみると、相手の考えや興味関心の持ち方を掘り下げることができます。相手の中に気づきが生まれるように質問することがコツです。

実際、コーチはいつも「相手の興味の矢印」そのものに注意を向けて質問をしているからこそ、どんな話題にもついていくことができるのです。

興味を持って聞く技術

会話が苦手な人、雑談が苦手な人は、
相手にばかり興味の矢印を向けている。

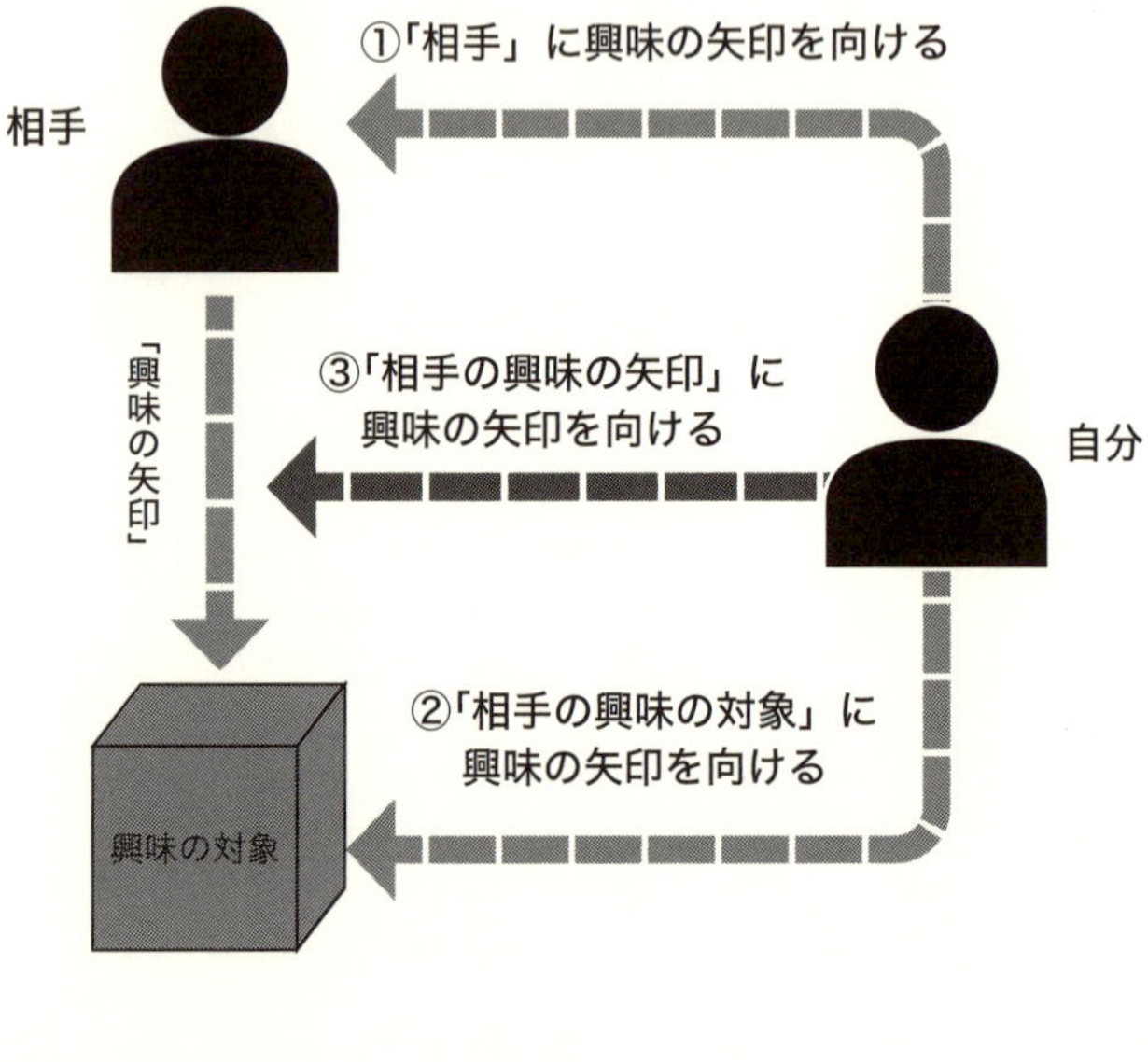

3つの「興味の矢印」を意識して、会話すると、いろんな話を引き出せる

知りたいことを聞き出す質問

頭の中を先に「リスト化」する

相手にどんどん話してもらいたいと思うならば、まずは相手が話したいことを聞き出していくことが大事です。

人は誰でも、話したいことを抱えています。人の話を聞くよりも話を聞いてもらったほうが気持ちいいものです。

まずは、その気持ちを満たしてあげましょう。

最初から自分の聞きたいことを話すのではなく、まずは相手に気持ちよく話してもらって気分を高めたところで、あなたの知りたいことについての話題を持ち出しましょう。

話題を持ち出すには「ところで」と唐突に話題を変えることもできますが、できるならば相手が気持ちよく話しているところで、言葉尻からなめらかに話題をずらしていくほうが警戒されないでしょう。

たとえば、相手のご子息の大学受験の結果を知りたいとき、合否はなかなかデリケートな問題だと感じる人もいます。だからいきなり聞くことができない場合、

「主人の会社でも大卒の新人が言うことをきかないって嘆いているわよ」

「そうね。大学で何を学んできたのかしらねえ。あら、そういえばお子さん、受験だったんじゃない？」

「そうなのよ。ようやく決まってね」

「四月からどちらに進学するの？」

などと、大学という話題から切り換えてもいいでしょう。

ちょっとした言葉尻から、自分の知りたい話題にすり替えていくのがコツです。

このすり替えがうまい人は、常に頭の中に「知りたいことのリスト」があるかのようです。

きっかけさえあれば、すぐに「知りたいこと」を呼び出せます。話の流れをよく読んで、話題を「知りたいこと」にさっとつなげてしまうのです。

一度「聞き出すべきこと」を整理して、「リスト化」にしておくといいでしょう。

たとえば、商談に臨む前には、商談相手から聞き出したいことを「10個以上書き出す」と決めておくのもいいでしょう。

初対面の人に出会ったときにも、ドギマギしないように、「初対面の人に会ったら聞き出したい10の質問」を考えてリスト化しておくのも便利です。

このリストは手帳などに貼ったり、メモ帳でテキストにしてスマホやＰＣで見られるようにしたりしておけば、事前にリストを見てから初対面の人に会うこともできます。

このようにしておけば、話がどんなふうに展開しても、聞き出したいことを聞けるタイミングを逃さずに聞くことができるようになるでしょう。

人と仲良くなる雑談質問力

仲良くなるための質問の使い方

私は20代のころ、営業マンでした。

当時はどうにも営業の勘所がつかめず四苦八苦していました。取引先での商談といえば、自社の新製品の紹介と自社に発注してもらえないか、ということばかりでした。ほかに何を話せばいいのかわからず困っていました。

あるとき取引先の部長さんに、「趣味は何なの？」と聞かれたときには、

「いやあ、趣味ですか。うーん、これといったものはありませんねえ」

などと答えていました。

実際には当時、仕事が終わると原稿用紙に向かって小説を書いたり、哲学書を読んだり、ドイツ語を勉強したり、ブルースギターの練習をしたり、音楽好きの仲間と歌を歌ったりしていました。どう転んでも趣味がないはずはありません。

しかし、言えなかったのです。

なぜなら、当時の私は、自分の中に葛藤を抱えていたからです。

仕事の意味や、自分が本当にやりたいことがわからなくなっていたのです。

そんな悩みを人に、特に取引先の人に見せてはならないと思っていました。それで、趣味を聞かれた瞬間に、葛藤し、「これといったものはありません」と答えてしまっていたのです。

言い換えれば、当時の私は「素の自分」をさらけ出すことができなかったのです。素の自分を出せなければ、相手も心を開いてくれるはずがありません。

せっかく、趣味の話を振ってくれたのだから、自己開示して小説や音楽の話でもすれば、そこから接点を探すこともできたでしょう。ひょっとしたら趣味が同じだったということだってあったかもしれません。

今思えば、そもそも「取引先の担当者と仲がいいとはどんな状態か」ということがイメージできていなかったのです。

今だったら当時の自分に、

「取引先の担当者と仲がいいとはどんな状態だと思う？」

と質問してやりたいです。

それが明確になれば、どんなアプローチをすればいいのかを探ることができます。

どうも仲良くなれないなと感じるのであれば、次の3つのプロセスでアプローチを考えてみましょう。

1．相手との関係がどんな状態かを確認する
現状を確認します。今はどんな頻度でどんな会話をしているでしょうか。相手の反応はいかがですか？

例……事務的な情報伝達に終始。無表情なやりとり。相手は面倒くさそう。

2．仲良くなった状態をイメージする
一口に「仲がいい」と言っても、具体的にどんな状態になりたいのかを明確にしま

しょう。

例……いつでも話しかけられる関係。情報をいつももらえる関係。

その上で具体的な場面を想定して、どんなときにどんなふうに会話しているのかをイメージしてみましょう。

例……たまたまくつろいでいたカフェでばったりと出くわしても、「ちょうどいいときに会いましたね。ちょっとお話ししましょう」と笑顔で会話が始まる。

3．仲良くなった状態へ至るプロセスをイメージする

2で思い描いたような状態になるまでに、どんなやりとりを重ねていくとよいのでしょうか。思いつくことをいくつも書き出してみます。その中で、一番やりやすいことから始めていきましょう。

このようなプロセスを思い描ければ、仲良くなっていくための行動ができるようになります。

共通の話題ということは、自分の得意な話題

それでは、仲良くなるために、一番いい方法は何だと思いますか？

それは「共通点を探すこと」です。

共通点があると、途端に親近感が湧いてきます。たとえば、相手に出身地を聞いてみて、あなたと同郷だったらどうでしょうか。

しかも偶然同じ町内に住んでいたこともあったとしたら。さらに、趣味が共通し、出身高校が一緒で、苦手科目も一緒だったとなったら、これはもう運命の出会いか、と思うでしょう。

共通点が多ければ多いほど、親近感が湧き、信頼感も増します。

まず**「相手と自分の共通点は何だろう？」**と自分に質問をし、見た目の共通点を探しましょう。

・同じ色の服を着ている

・メガネをかけている
・背丈が同じくらいだ

共通点が見つかったら、なんとなく親近感が湧いてきたことに気づいてください。

次に、見た目ではわからない共通点を探っていきます。これは質問しない限りわかりません。それは、相手にとっても同じことです。

・仕事（業務内容・業種・職種・業績・経歴・地域・職場など）
・出身（国・地域・学校・産業・特産品・名所・方言など）
・趣味（スポーツ・芸術・収集・仲間・活動内容など）
・好み（食べ物・飲み物・お店・場所など）
・経験（旅行・仕事・住居・クラブ活動・学科・専門など）

自分との共通点が見つかるまで聞いていきましょう。
たかが共通点、されど共通点です。ちょっとした共通点がきっかけで仲良くなり、一緒にビジネスのプロジェクトが始まったりすることはよくあることです。たまたま、飲み屋やセミナーで席が隣になっただけでも、ご縁となり、仲良くなったり、生涯のパートナーになったりすることもあります。

共通点は、小さいけれども、とてつもないパワーを秘めた「人生を劇変させる種」なのです。

「共通点探し」ですべて解決する

「買わない宝くじは当たらない」という言葉があります。何事もやってみなければわからないし、人生も生きてみなければ何が起こるかわからない、という意味です。

質問も同じで、聞いてみなければわかりません。

わざわざ自分とかけ離れたことを聞く必要はありません。あなたにとって身近なことか好きなことから聞いていくのがコツです。

あなたがスポーツ好きでしたらスポーツのことを、アニメならアニメを。どんなにマニアックなことでもいいのです。

あなたにとって好きなことを質問するときには、自然と気分が明るく前向きになっています。話して楽しい雰囲気を醸し出して質問すれば、たとえ相手にとって興味のないことであったとしても、話が続くことがあります。

私は、ミャンマーに興味を持ち始めたときには、誰と会ってもミャンマーの話をしていました。

「私、ミャンマーが好きなんですよ。もう何遍も行きました。海外でお好きな国ってありますか？」

「海外ですか。特にありませんね。それにしてもミャンマーですか。私は全然知りませんが、私の友人がこのまえ仕事でミャンマーに行ってきましたよ」

そうすると、いつしか、ミャンマーといえば藤由という印象がついて、いろいろな人がミャンマーの情報を教えてくれるようになりました。

「共通点探し」という口実のもとで、あなた自身の好みを周りの人に理解してもらうことができるのは、「共通点探し」の質問をするメリットです。

相手をいい未来に向かわせる質問

魔法の質問

相手を幸せに導く質問があります。どんな質問だと思いますか？

それは**「相手にとっての幸せは何か？」**という質問です。

この質問は「聞かれたら答えようとする」という人間の習性と、「指摘して注目したものやことが心の中で拡大する」という「心理現象の法則」とを意識して使用します。

たとえば、いきなり「辛く苦しい体験があったら教えてください」なんて質問はおかしいですね。こんな質問に答えさせられた相手の心の中には辛く苦しい体験が広がります。

誰だって幸せな気持ちになりたいものです。わざわざ嫌なことを心の中に広げる必要はありません。

相手にとっての幸せや楽しい気持ちになるような質問をしてみましょう。


「もしも一瞬で幸せな気分になれるとしたら、どんな状況でしょうか？」

「もしも魔法が使えたら、どこに行きたいですか？」

「最高に幸せな環境って、どんな環境ですか？」

「これまでで一番幸せを感じたときって、どんなときでしたか？」

「これさえしていれば幸せだなって思えることって、どんなことですか？」

「やっていて幸せを感じられる仕事って、どんな仕事だと思いますか？」

「自分に都合がよくて、最高に幸せだって思えることって、何ですか？」


このような「幸せとは何か」という人生の核心に意識を向けるような質問を出して、互いに聞き合い、答え合っているうちに楽しい気分になっていきます。

自分の意見をズバッと言う技術

3つの「ない」を意識しよう

コーチングの世界では、「答えはお客様の中にある」という考えがあります。

同時に「コーチは教師ではない」という考えがあり、だからこそコーチは自分の意見を極力言うべきではないと考える人もいます。

実際にコーチングをしてお客様のお話を聞いていると、コーチの頭の中に、さまざまなアイデアが湧いてきます。

「これはいいじゃないか！」と興奮するくらいいいアイデアが閃《ひらめ》くことがあります。

ところがそれをそのままお客様に伝えても、ほとんどの場合、「それはあまり心が動きませんね……」などと言われてしまいます。

そういったことは、あなたにもあるのではないでしょうか。

これには、明確な理由があります。

誰もがユニークな存在であり、あらゆるアイデアのどこに魅力を感じるかは、一人ひとり違うからです。あなたがいいと感じるアイデアも、相手にとってなんの魅力も感じられないということは当たり前にあるのです。

だから意見を押しつけることは効果がないことをコーチは理解していないといけません。コーチでなくとも、誰かの相談に乗ったときには、心得ておくべき点です。

しかし、対話においてその場に必要な情報は何かが明確になったところで、その情報を知っている場合も、黙っているべきでしょうか。

たとえば、

「えぇっと、１９８０年代のアイドルで、その子の髪型が大流行して、いまだに第一線で活躍しているあの女性、うーんと、名前をど忘れしたんだけど……」

と、喉のあたりまで名前が出かかっていて、出てこないような状態を想像してみてください。「あ、あの人のことだな」とわかったのに、あえて黙っている必要があるでしょうか。

これと同じように、マーケティングの手法だとか、お客様の欲しい機能の揃っているソフトウェアについて、お客様は知りたいのだということが明確になったときに、「それなら〇〇会社の□□というソフトがありますよ」と伝えても悪いことはないでしょう。

大事なのは**「思い込まない。決めつけない。押しつけない」**の3つの「ない」です。どんなアイデアも参考意見として提示するならばなんの問題もありません。

自分の意見は、一個人の意見に過ぎません。

「絶対に正しいものを提示することなどできない」と謙虚に構えられれば、個人的な感情や意見を伝えることは、かえって対話を豊かにすることでしょう。

質問形式にすれば何でも言える

他人に上下の区別をつけず、人として対等な存在であるとする姿勢に基づいて、自分の意見を言うのに有効なのが、やはり「質問」という形式です。

「思い込まない。決めつけない。押しつけない」の3つの「ない」を満たすのは、質問形にするだけで簡単にできます。

たとえば、

「我が社は、圧倒的に新しい製品を投入すべきです」

と言わずに、

「我が社は、圧倒的に新しい製品を投入すべきではないでしょうか?」

と質問文にしてしまうとどうでしょうか。

断言しなくても、主張は伝わります。

その主張をどう判断するかは、受け止める側に委ねられています。採用するかどうかの裁量権を相手側に与えているのです。

これはつまり相手の意思を尊重するということなのです。

そのほかにも例を挙げてみましょう。

・「その提案には、○○についての確認が漏れている」
↓
「その提案には、○○についての確認が漏れていませんか？」

・「君は間違っている」
↓
「君は間違っていませんか？」

・「あなたがやるべきだ」
↓
「あなたがやるべきではありませんか？」

「なんだ。簡単なことじゃないか。いや、そもそもそんなことやっているよ」と思われたかもしれません。

そうです。私たちは意識せずに、質問を使っているのです。

これまでは「意識しないで」だったかもしれませんが、これからは意識して使ってみましょう。それだけで、角の立ちそうな言葉も、まろやかに伝えることができるのです。

第5章

人が勝手に動き出す
リーダーの質問

リーダーのための質問術

他人を操作したり、支配したりできない

エネルギッシュな上司やリーダーの多くは、メンバーや部下を力強く引っ張っていくので、信頼もされ尊敬もされています。ところが、時に引っ張りすぎて、メンバーや部下がついてこられなかったり、パワハラだと感じられて恨まれたりすることもあります。

リーダーが「こうしたい」「ああしたい」と強く思えば思うほど、自分のみならず他人も環境も支配下に置いてコントロールしたくなるものです。

特に自由にならないことに直面したときに、現実も他人も思い通りに動かせたらど

んなにいいかと思います。

リーダーの中には部下の行動や状況を見て、「どうしてこうなんだ！」「どうしてこんなことになったんだ！」と激しい怒りや不満を持ち、周囲に当たり散らす人もいます。

「どうしてこうなんだ？」

字面だけ見たら、「原因」や「理由」を尋ねる質問文ですが、その真意は「こんな状態は望んでいない！」「こんな現実は受け入れられない！」、つまり「こんなの嫌だ！」という意味です。現実を受け入れられないから、メンバーや部下に怒りをぶつけて攻撃しているのと同じです。

また、人を動かそうと思いながら、思いが空回りして、何をさせたいのかわからない命令を出す人もいます。

「君たちわかっているのか、我が社の現状を！　今、我が社は創業以来の危機なんだぞ！　もっと自分の頭を使って考えろ！」

「自分の頭を使って考えろ」という命令を出してはいますが、「創業以来の危機なんだぞ」というのは、その人の解釈です。解釈を押しつけて、具体的な内容のない「考えろ」という命令を出してしまっています。

これでは部下は具体的に何をすればいいのかわかりません。

「自分の頭を使って考えろ」と命じていますが、目の前の結果も、部下が部下なりに考えた結果のはずです。

自分の頭で考えても上司の求める形となるかはわかりません。命令したつもりでも、何も具体的に命令していないのです。

リーダーは冷静になるために目的を思い出す

リーダーは、カッとなったときには、冷静にならないといけません。

そもそもの目的を思い出しましょう。目の前に「ふがいない現実」を突きつけられたのです。それが受け入れがたくとも、過去と現実はもう変えられません。

もしも**変えられるものがあるとしたら、それは未来だけ**です。ならば、本当は、「今後はもっとよくしたい」というのがメンバーや部下と話す目的であるはず。もしくは、「将来において二度と繰り返させない」という目的かもしれません。

ならば、「怒る」ことが、その目的を達成するために有効かどうか、胸に手を当てて考えたほうがいいはずです。

「怒る」ことで、現実が変化したり、メンバーや部下がいきいきと主体的に活動し始め、業績が上がったりするのであればいいでしょう。

しかし、実際にはそうならないことのほうが多いはず。

なぜなら、怒られた人は、嫌な気になりこそすれ、喜びはしないからです。

私たちは、自分らしく生きる権利があります。相手の権利の尊重は、相手の主体性の発揮に直結しています。他人を操作しようとか支配しようという態度が、他人の主体性を奪うのです。

「どうしてこうなんだ？」ではなくて、

「この失敗を二度と繰り返さないためにどうしたらいいだろう？」
「次こそうまくいかせるためには、何に注意したらいいんだろう？」
「どうやったらもっとお客様は喜んでくれるんだろう？」
「今回の経験を将来に活かすとしたら、どこをどう活かせるだろう？」

などと考えながら、上司が部下とともに同じ時間を共有し、よりよい結果を一緒につくりあげるスタンスでいるほうが、部下は自ら動いてくれるようになります。

一方的な物言いは、上司自身の感情を満足させるかもしれませんが、業績の向上のためにはムダの多い行動なのだということを理解する必要があります。

このように、他人を動かそうと思ったら命令すればいいわけではありません。

では、どうしたらいいでしょうか？

それが「質問」です。

「質問」は他人を動かす便利な方法なのです。

部下の「やる気」が見えなくなったときの質問

「まったくあいつはモチベーションが低いな」

「最近、あいつはサボっているな」

「調子に乗っているな。ちょっと締めておかないと……」


そのようにメンバーや部下のことを見てしまうことはないでしょうか。

その場合、ネガティブなことに目が行ってしまっていることに気づきましょう。

「指摘して注目したものやことが心の中で拡大する」という「心理現象の法則」が働き始めます。そうすると、事態は悪化します。

こんな場合は、気持ちをリセットして、自分自身に次の質問をしてください。

「自分は、あの部下をどうしたいと思っているのだろう？」

この質問で、部下に「本当はどうあってほしいのか」「部下に求める水準やクオリティはどうか」「どんな関係性で仕事をしていきたいのか」「仕事の目的は何か」「いつまでにどこまでの達成を望んでいるのか」ということを明確にします。

この自分への質問に答えることで、あなたにとっての理想的な「部下像」つまり「未来像」が出てきます。

そうしたら次の質問をしてみてください。

「この部下の理想的な未来像と現状とは何がどう違っているのだろうか？」

すると、理想と現状のギャップが見えてきます。

差異に注目してください。

できていないところもあれば、できているところだってあるはずです。

理想の未来像とはほど遠い現実を突きつけられるかもしれません。しかし、それが現実ならば、受け入れ、「では、どうすべきか?」を考えます。

さらに、自分のことも振り返ってみましょう。

「これまで自分は、部下とどのように関わってきただろうか?」

と自分に質問してみてください。

これまでにやってきたことを自分の視点から思い出すとともに、部下からはその自分の行動や態度がどう見えていたのかをイメージして書き出してみましょう。

私たちが改善できるのは、自分の行動だけです。**部下の行動を改善したいときも、部下の行動の改善につながるように自分の行動を改善するしかない**のです。それを受け入れたところで、また自分に質問してみましょう。

「部下が理想的な行動をするようになるには、自分はどう関われればいいだろうか?」

この質問に答えていくと、いろいろな方法や手段が見つかるはずです。変えるべきは自分しかありません。自分を変えることによって他人を変え、世界を動かしていくのです。

部下のいいところを見つける

「確かに、自分しか変えられないのだろうけれど、それでもあいつはダメダメだぞ。俺が悪いとは考えられない！」

そのように憤りを感じる方もいるでしょう。

その気持ちもストレスも、十分にわかった上で、「マネジメントするのは、メンバーや部下だけでなく、自分の感情も対象なのだ」ということをちょっと思い出してみてください。

ストレスは何か別の方法で解消しましょう。運動したり、歌を歌ったり、気安い仲間と騒いだりするのもいいのではないでしょうか。

メンバーや部下に対する見方が、完全にネガティブになってしまうと、悪循環が加速してしまいます。

それは上司にとって、望ましいことではありませんから、循環を逆転させる必要があります。

ネガティブな循環をポジティブに変えるためにもやはり質問を活用しましょう。

「そうはいっても、あの部下の素晴らしいと思える点は何だろう？」

ここで、この質問の注意書きを付け加えましょう。

「部下の中に美点や素晴らしい点が見つけられないなら、それらはあなたの中にもないのです」

こう言われたらどうでしょうか。

あなたの中にない美点や素晴らしい点は、おそらく見つけることができないはずです。自分にないけれども部下には美点や素晴らしい点があると思えたら、実はあなたにもその要素や素養があるものなのです。

一所懸命見つけてみてください。もしも「まったく見つからない」としたら、あなた自身もそれだけ価値がないのだということになります。

「でも、まったく見つかりませんよ」

本気でそう思うのでしたら、要求水準が高すぎるのです。満点主義に陥っている可能性があります。

20点でも5点でも0点ではありません。20点なりの良さや、5点なりの良さがあるのです。

要求水準を下げたら、「今日も元気に生きている」ことも素晴らしい点として見つけられるはずです。

だから、きっと見つかります。ぜひ、探し出してください。

部下が勝手に動きたくなる質問

高度な仕事であればあるほど「任せる」

リーダーはメンバーや部下よりも優れていなければならないとか、メンバーよりも知識がなければならないと思うかもしれません。

しかし、今の時代、社歴が浅かったり年齢が若かったりしても、特定分野についてはメンバーのほうが知識や経験があることはざらにあります。

今はリーダーがメンバーや部下と張り合うよりも、彼らの力を最大限に発揮させることのほうが重要なのです。

特に高度な仕事であれば、リーダーの個人的資質だけで解決できるものではありません。部下の力を信頼し、任せることでチームの総力を発揮させることがリーダーの最大の任務になります。

では、メンバーや部下が最大の力を発揮するのはどんなときでしょうか。

それは各自が主体的に行動したときです。

上司やリーダーが「答え」を押しつけるなら、その時点で部下の主体性は損なわれています。やらされている、と感じるのは当然なのです。ただでさえ、変化が激しく答えの見えない時代に、押しつけの「答え」で主体性を損なうのはとてももったいないことです。

この主体性を発揮させるのがリーダーの役割です。

そのためにリーダーができるのが、メンバーや部下に対する質問です。

近年では、先進企業が上司と部下との1対1の定期ミーティング「1on1ミーティング」を取り入れ業績を上げています。

対話によって内省を促し、自ら答えに気づかせると、メンバーや部下が主体的に動くようになるのです。その主体的行動の促進が先進企業の躍進を支えているというところから注目を浴びています。

誰でも自分の内側に「答え」を見つければ、嬉しく悦びを感じるものです。その感動が主体的な決断につながり、人は誰でも自然と動いてしまうものなのです。この気づきを促すために重要なのが「質問の技術」です。

部下が勝手に動きたくなる「場」のつくり方

まず、質問をする際に、しっかりと相手を尊重することです。

たとえば、こんなことを言っていないでしょうか。

「お前だって、給料上げたいと思っているだろう？」

これも質問ですが、実は相手を尊重していません。わかりますか？

実はこの質問は、前提に決めつけがあるのです。

「お前は、金を稼ぐことを目的に働いているはずだ」という決めつけです。今は、価値観が多様化しています。特に若い人は、社会問題に対してもアンテナを張り、環境問題や社会貢献という問題に敏感な人が増えています。「働く」ということ1つとってみても、どのようなことに価値を置いて働いているかは、わかりません。

だから、まずはそこから質問しなければなりません。

その人の「働きがい」や「働く目的」は何か、ということ、つまり「何のために働いているのか」という価値観を質問して理解する必要があるのです。

ではこんなふうに聞いたらいいのでしょうか？

「○○さんは、何のために働いているの？」

これをぶっきらぼうに言われたら、部下はたまったものではありません。質問の意図をくみ取れず、責められていると思うでしょう。そのようにならない配慮が必要です。

部下が勝手に動きたくなるようにするには、次の3つのことに気をつけましょう。

1．お互いに何を言ってもいいという雰囲気をつくる

これまでに述べたような雑談から入るのが定石でしょう。自己開示することも必要です。相手を安心させましょう。「この場では何を言ってもかまわないよ」とハッキリ伝え、実際に、何を言われても受け止める覚悟をすることが大切です。

2．人間としての相手に興味があるということを示す

相手の目を見て、顔はこわばらせず、できれば笑顔でしっかりと向き合いましょう。その上で、「最近の仕事はどうか」「ちょっと質問してみたいことはないか」など、答えやすい質問で、相手への興味を示しましょう。

3．必要な手助けをする意思があるということを示す

面談の場を設けた意味を説明し、相手に力を存分に発揮してもらいたいし、そのためにできることなら手助けも惜しまないという意思を伝えましょう。

部下の主体的な行動を引き出す質問

ここまでのお膳立てをした上で、「ところで、基本的なことを教えてもらいたいんだけど、いいかな？」など、相手の意思を尊重した前置きの質問をしていきましょう。

相手が主体的に力を発揮するのは、本人の「やる気の素」と仕事とが重なり合ったとき。だから、相手の「やる気の素」を理解するための質問を出していくのです。


「これまでの仕事で、一番面白かったことって何？」

「今までで一番、やりがいを感じたときっていつの仕事？」

「社内のやりとりで、最高のチームワークを発揮できたときっていつだった？」

「お客様とのやりとりで、感動したこととか嬉しかったことってどんなことだった？」

「これまでの仕事で達成感を得られたことって何だった？」

「仕事が完了して、成し遂げた充実感を感じられたのはどんな仕事だった？」

など、本人の体験を質問してみましょう。具体的なエピソードを語ってもらって、そのエピソードの何が本人の心を動かしたのか、丁寧に聞いていくといいでしょう。そこから本人の仕事に対する「譲れない価値観」が見えてきます。

いろいろと聞き出したあとで、そこで出てきた「価値観」を大事にして、仕事をするとしたら、今後はどんなふうに仕事に取り組めるか質問してみましょう。

たとえば、

「ここまでの話を仕事に活かすとしたら、どんな工夫ができそうかな？」

「あなたが大事にしている価値観が見えたよね。それを大事にしながら仕事をしていくためにできることってどんなことかな？」

「そういった価値観を大事にしながら、お客様に貢献するとしたらどんなアプローチができるかな？」

などといった質問を通じて、相手の「やる気の素」と仕事との融合を促していけば、自然と自らの価値観に突き動かされて動き出します。

なんといっても「やる気の素」が満たされることは、本人の悦びだからです。

アドバイスを求められたときの質問術

アドバイスには限界がある

相談を受けて、アドバイスをするということは誰にでもあることです。

あなたのアドバイスが相談者の心に刺さり、

「ありがとうございます！　そうすればいいんですね！　助かりました！」

そのように受け止めてくれたらいいのですが、そうもいかない場合のほうが多いのではないでしょうか。

「はあ、そうなんですか……。でも、私には絶対無理ですよ……」

と弱音を吐くばかりで、あなたのアドバイスを受け止めない人もいます。また、

「わかりました。難しそうですね……」

と形の上ではアドバイスを受け止めても、絶対にやりそうにない人もいます。

実は、アドバイスというのは、それが有効な場合の条件が限られているのです。

・相談者がアドバイスする人のことを絶対視して信じ切っている場合
・相談者がアドバイスする人から何を言われてもやろうと思っている場合
・相談者がアドバイスを聞いて心から「これだ！」と思った場合

これ以外の場合、相談者の心が動かず、アドバイスの言葉は聞いても実際に行動に移されることはありません。一番ムダなのは、アドバイスを押しつけようとすることです。

アドバイスを活かすも殺すも、相談者次第なのです。

「どうしたらいいんでしょう？」と聞かれたら要注意！

そうはいっても「どうしたらいいんでしょう？」と困った顔で聞かれたら、どうしたらいいでしょうか。普通は反射的にこちらの思う最適な解決策を答えてしまいます。

こういうときこそ質問力の出番です。

アドバイスを聞いてどうするかは相談者に主導権があります。ですから、あなたがやるべきことは「答え」を言うのではなく、「質問」をすることなのです。

「いま、その問題をどう考えていますか？　もう少し詳しく教えていただけますか？」

「あなたの今の気持ちを教えてくれませんか？」

このように質問しましょう。

こうすると相談者は、今感じている希望や悩みを語るでしょう。詳しく聞けば聞くほど、その悩んでいる対象が立体的に見えてきます。

相談者にとってその問題はどういう意味を持ち、どんな内容なのかがわかったら、次の質問をします。

「では、その問題がどうなったらいいと思いますか？」

相談者は、「どうしたらいいでしょう？」と、こちらに答えを求めるような聞き方をしてきたのですが、相談されたほうは、相談者にとってその問題がどのように解決されたらいいのかを把握しないまま、解決策を考えてはいけないのです。

聞かれるままに答えることで、落とし穴にはまります。

相談者にとっての問題が解決した姿を明確にしないと、そこにいたる解決策など見つかりません。

だから「どうなったらいいですか？」と質問するのです。

こう質問されれば、相談者は自分の中にある「解決した姿」を掘り起こし始めます。

まだ抽象的だったり、曖昧《あいまい》だったりするでしょうから、それをもっとわかりやすくするために質問を重ねます。

「もう少し、詳しく教えてください。具体的に、それはどういう状態ですか？」

こうやって質問されるたびに答えていくことで、相談者は頭の中と胸の内を整理していくのです。

頭の中と胸の内が整理されたとき、真の答えが浮かび上がり、劇的な変化の瞬間が訪れるのです。

ネガティブな人をポジティブに転換する質問

ネガティブ一点張りの人に会ったときの対処

ネガティブなことばかり言う人がいます。周囲の悪口ばかりでなく、自分のダメなところや、世の中すべてを否定して、非難し続けている人です。

そんな人に会ってしまい、話を合わせていくのに疲れた経験がありませんか。

こういう方に会ってしまったときはどうすればいいでしょうか。

これも、質問が役に立つのです。


ネガティブなことばかり口にする人がいたら、こう考えてみてください。

「瞬間的には、自分だってこんな気持ちになることもあるなあ」

目の前のその方は、今ずっとネガティブなことを言っているのかもしれません。しかし、私たちはその方の生活のすべてや、これまでの人生のすべてをみているわけではありません。

ということは、たまたま今、ネガティブなことを言いたいのかもしれません。昨日も一昨日も聞かされた、という場合でも、ここ数日だけなのかもしれません。いや、ここ3年くらいずっとそんな気持ちなのかもしれませんが、それでも一生のうちのたった3年間かもしれないではないですか。

だから、仮定の話でかまわないので、「一時的にこんな気持ちになることもあるさ」と思ってみましょう。こう思うだけで、だいぶこちらの気持ちは楽になるはずです。

その上で質問です。

「へえ、そうなんですねえ。もう少し具体的に教えてもらえますか？」

いつでも、何か話し始めたら、具体的にしていきましょう。

「こんな会社、最悪なんだよ」

「もう、あいつ殺してやりたいよ」

「もう、死にたい」

かなりきつい言葉だったとしても、相手が怒ってプンプンしていたり、悔しがっていたり、悲しんでいたりしているのだったら、「いつ、どこで、誰が、何を、なぜそう思うようになったのか」を聞いていきましょう。

質問に答えて、怒りの感情やネガティブな感情を、細かく言葉にしていく過程で、その方はいつしか、自分のことを客観的に見るようになっていきます。

ネガティブな感情を具体化する

話をしていて相手が「ダメだ、ダメだ」と口にしたり、「私なんか」とむやみに卑下したりして、どうにも持ち上げられないというときは次の質問をしてみてください。

「ダメだ、ダメだってよく言うけれど、どれくらいダメなの？」
『私なんか』って言うけれど、実際のところ、今どんな状態なの？」

相手はネガティブな気持ちが大きくなっていますので、当然返ってくる言葉はネガティブなものでしょう。

いくつかダメな例を挙げてくれたり、今の状態がいかに最低かを語ってくれたりするでしょう。そこで質問を止めずに続けます。

「へえ、そうなんですね。ほかにどんなところがダメなんですか？」

相手が1つ答えるたびに、「まだほかにはないか。それは具体的にどうダメなのか」ということを根掘り葉掘り聞き、全部吐き出させてあげます。もうこれ以上はない、すべて出そろったと相手が感じたところで、そのネガティブな気持ちを肯定してあげましょう。

「なるほど、それは本当にダメダメですね」

相手の言っていることを全肯定しているのですが、出し切っていると、ひょっとすると、相手はムッとするかもしれません。

「……あなたにそう言われると、腹が立ちますね」

「どうしてですか？　かなりダメなところが盛りだくさんでしたけど」

「いや、……その言い方は失礼じゃないですか。こうは言っていますけどまだ可能性はあるはずですよ」

来ました！　心の奥に沈み込んでようやく底にタッチしたのです。長いトンネルを抜けた瞬間にも似ています。ポジティブに反転したのです。この瞬間を逃さず、質問しましょう。

「へえ、そうなんですね！　その可能性ってどんなことですか？」

目をキラキラさせて聞いてみましょう。具体的には？　ほかには？　と聞いていけば、相手は1つひとつ可能性のあることや未来への希望を挙げ始めるはずです。現在の状態が、最終的にはどんな理想の状態になったらいいのかを質問して、そのために今日からできる小さな一歩を聞き出してください。

このように相手がネガティブに沈みたいのであれば、ネガティブに沈み込むのにつきあってあげましょう。

相手をポジティブにしたいのであれば、むしろ、ネガティブを全部吐き出させて、自らポジティブに反転することを助けてあげるのです。

「ポジティブになれ」と命令したからといって相手はポジティブになんてなりません。

相手が自らポジティブになれるように寄り添ってあげましょう。その上で適切な「質問」をしていけば、人生は劇的に変化するのです。

さて、第1部と第2部を通じて、自分と他人の意識を変え、行動を変える「質問」の数々を説明してきました。

私たちは、ともすれば目の前の現実が強固で揺るぎないものだと思いがちです。

しかし、本質的な「質問」は私たちを縛る制約や思い込みをゆるめ、新しい現実を結び直すきっかけを与えてくれます。だから劇的な変化が生まれるのです。

「質問」は、私たちを自由にします。

「質問」は、私たちに気づきを促します。

「質問」は、私たちの行動を変えます。

「質問」は、私たちの無限の可能性を開いてくれます。

最後に、世界でたった1人の奇跡の存在であるあなたに質問を差し上げます。

「本書の学びを活かして、あなたの人生をより一層素晴らしくするためにできる、小さな一歩は、どんな行動ですか？」

むすびに

ここまでお読みいただき、ありがとうございます！

人生を劇的に変化させる「質問」について一緒に考えてきました。いかがでしたか。

私は夢実現応援家®として「人には無限の可能性がある」をモットーに活動しています。

「無限の可能性がある」ということは、人には無限通りの人生があり、「人は一人ひとり違っていて少しもおかしくない」ということです。

人は見かけによらず、その内面生活や本性には無限のバリエーションがあります。だから、思い込みで決めつけたり、勝手に裁いたりしてはいけないのです。

自分のことも他人のことも、本当に理解しようとしたら、聞いてみなければわかりません。だからこそ質問の力が必要なのです。

質問力は真実を探り当てる鍵であり、未来を切り開く推進力です。

たったひと言の質問には、無限の答えがあります。なぜならば、私たちの可能性が無限だからです。問いかけることで生み出される答えは、この現実を創造するエネルギーです。本書で述べた人生を劇的に変える質問の技術を使って、あなたらしい人生を創造していっていただきたいと願っています。

本書がこのようにできあがったのも、多くの方の力をいただけたからでした。紙幅の制約もあり、皆様のお名前を記せないのがとても残念ですが、心の底から感謝しております。

さて、本書があなたの「質問力」を高め、あなたらしい人生を歩み始めるきっかけとなれたら、これに勝る喜びはありません。それは必ずあなたの世界を変え、夢の実現を加速させると信じています。

本書のご感想やご意見、学べたこと、チャレンジしたことなどをお気軽にご連絡いただけたら、天にも昇るほど嬉しいです。あなたからいただくメールは、私の今後の活動を支えるエネルギーです。あなたの率直なご感想を心よりお待ちしています。

（メールはこちらへ！　gonmatus@gmail.com）

あなたの今後のますますのご活躍とご健康とご多幸を心よりお祈り申し上げます。

令和元年　7月吉日

夢実現応援家®　藤由達藏

本書の読者の皆様へ

無料特典

本書のテーマ「質問」の力を高めるコツを、
動画で解説した無料動画セミナーです。
次のＵＲＬまたはＱＲコードより、ご登録いただければ、動画をメールにてお届けします。

特典動画セミナー登録ページＵＲＬ：

http://kekkyoku.jp/391Q/

＜特典動画セミナー＞

質問力を高めるコツ

コーチングの最重要エッセンスでもある「３×３」質問マトリックスについての理解をさらに深めていただくための重要ポイントを説明しています。
本書と合わせて御覧いただければ、あなたの質問力は劇的に向上します。

藤由達藏　公式ホームページ他

◎オフィシャルサイト　http://kekkyoku.jp/
◎Email：gonmatus@gmail.com
◎株式会社Gonmatus　http://gonmatus.ocnk.net/
◎ブログ「出版するのが夢だったあなたへ」　https://ameblo.jp/gonmatus
◎『3か月実践！「すぐやる人」になるためのＡＳＢオンラインプログラム』
https://www.cloverpub.jp/fujiyoshiprg/index.html

著者紹介

藤由　達藏
株式会社 Gonmatus 代表取締役。夢実現応援家®。ライフ&ビジネス・コーチ。
「人には無限の可能性がある」をモットーに、経営者・起業家・ビジネスパーソンから作家、シンガーソングライター、学生まで幅広い層に、夢実現応援の対話（コーチング）を提供し、研修や講演依頼も多い。ユーモアを交えて熱く語るスタイルが親しみやすくわかりやすいとの定評がある。
質問、それは自分でも気付かなかった自分に気づき、他人を動かす最も効果的な技法でもあり、意識と行動を変える最短距離にもなりえる。本書では、そのノウハウを公開します。

たった1つの質問《しつもん》がなぜ、人生《じんせい》を劇的《げきてき》に変《か》えるのか

2019年 8 月 5 日　第 1 刷

著　　者　藤《ふぢ》 由《よし》 達《たつ》 藏《ぞう》

発 行 者　小 澤 源 太 郎

責 任 編 集　株式会社 プライム涌光
電話　編集部　03(3203)2850

発 行 所　株式会社 青春出版社
東京都新宿区若松町12番 1 号 〒162-0056
振替番号　00190-7-98602
電話　営業部　03(3207)1916

印　刷　中央精版印刷　製　本　フォーネット社

万一、落丁、乱丁がありました節は、お取りかえします。

ISBN978-4-413-23127-5 C0030